# 남강에 어린 논개의 혼을 담다

경상남도문인협회
다음카페 https://cafe.daum.net/gnmuninhep

# 진주8경

## 제1경 촉석루

## 제2경 남강의암

## 제3경 뒤벼리

## 제4경 새벼리

# 진주8경

## 제5경 망진산 봉수대

## 제6경 비봉산의 봄

## 제7경 월아산 해돋이

## 제8경 진양호 노을

발간사

# 역사와 문화예술이 숨 쉬는 진주

민 창 홍
경상남도문인협회 회장

 진주에서 '찾아가는 문학 세미나'를 개최하고 사화집〈진주편〉을 발간하게 되어 매우 기쁘게 생각합니다. 경남문협의 찾아가는 문학 세미나의 취지는 지역문학 발전과 상호교류에 있습니다. 서부경남 지역은 물론 경남의 유서 깊은 지역들을 순회하며 지금까지 매년 개최되어 왔습니다.
 진주는 삼국시대 이후 경남의 서부와 중부를 아우르는 중심 지역이었습니다. 역사와 문화예술의 전통이 천 년 동안 이어지는 곳입니다. 또한 주변의 아름다운 산과 남강이 도시를 가로지르는 천혜의 아름다운 경관을 자랑하는 도시입니다. 그래서 훌륭한 인물이 많이 배출된 곳이기도 합니다.
 김시민 장군과 논개로 이어지는 충절의 고장이요. 형평운동이 일어났던 곳이며 3.1운동의 횃불이 밝혀졌던 고장입니다. 대대로 이어져 내려오는 긍지와 자부심의 진주정신은 유형무형의 문화예술에 뿌리를 내리고 있습니다. 유등축제와 개천예술제는 진주뿐만 아니라 전국적인 명성에 걸맞은 축제로 우뚝 서 있습니다. 진주박물관과 청동기박물관을 비롯한 유등기념관, 진양호 공원 등 볼거리 또한 많은 곳이고 교육 도시입니다.

이런 진주를 주제로 경남문협 회원 110여 명의 작품이 이 책에 수록되어 있습니다. 진주를 사랑하는 마음이 작품에 잘 투영되어 있습니다. 앞으로도 진주는 다양한 문학의 소재가 되어 아름다운 마음으로 형상화되리라 믿습니다.

문학 분야는 진주를 중심으로 한 형평문학이 뿌리를 내리고 이형기문학제도 매년 성대하게 개최되어 문학의 도시로 거듭나고 있습니다. 진주문단은 한국 문단에 큰 족적을 남긴 문인들이 많이 있습니다. 근현대의 경우만 보더라도 이경순, 이형기, 설창수 시인과 이병주 소설가가 그 대표적일 것입니다. 그 외에도 진주 출신의 문인은 헤아릴 수 없이 많습니다. 그분들의 문학과 삶을 조명하고 진주문학 더 나아가 경남문학이 나아갈 방향을 모색하는 시간이었으면 합니다. 강희근 교수님의 〈후문학파는 진주의 이경순, 이병주가 효시다〉와 송희복 교수님의 〈진주를 소재로 한 나의 시와 소설〉의 주제 발표가 있습니다. 두 분 교수님을 통해 진주가 새롭게 조명할 것입니다.

현대의 도시는 경제적으로 활기도 넘쳐야 하지만 시민들이 편안하게 휴식하고 여가를 즐길 수 있는 공간이 많아야 한다고 생각합니다. 그런 면에서 진주는 아이들 교육뿐만 아니라 시민들의 정서 함양에 최적화된 도시라는 느낌이 듭니다. 이러한 정서는 진주 문학의 향기로 오래 남을 것이라 기대합니다.

끝으로 이 행사를 적극 지원해 주신 조규일 진주시장님과 문화예술과 직원 여러분들께서 감사드립니다. 아울러 백승홍 진주시의회 의장님을 비롯한 의원님들께도 감사드립니다. 이번 행사에 물심양면으로 큰 역할을 해주신 진주문협 김성진 회장님께도 감사드립니다.

2024년 7월 27일

축 사

# 시민의 문학 감성 함양에 큰 역할 기대

조 규 일 진주시장

「2024 찾아가는 문학 세미나」 개최를 축하하며, 진주를 찾아주신 문학을 사랑하는 분들에게 진심 어린 환영의 인사를 드립니다.

경남문학, 진주문학의 발전을 위해 항상 고뇌하시는 경상남도문인협회 민창홍 회장님과 진주문인협회 김성진 회장님, 회원님들께 감사의 마음을 전합니다.

문학이라는 공통언어로 소통하고 공감하는 이번 행사에 제가 축사로 함께하게 되어 정말 기쁘게 생각합니다. 또한 진주를 주제로 한 사화집 발간은 우리 진주시와 진주문학의 가치를 알리는 소중한 기회로서 의미가 크다고 여겨집니다. 이렇게 귀한 책자를 발간해 주신 경남문인협회에 다시 한 번 감사드립니다.

문학은 단순한 문장으로만 읽히는 것이 아니라, 우리의 감정을 어루만지고 생각을 확장해 삶의 깊이를 더해주는 예술입니다. 문학을 통해 우리는 인생의 다양한 면모를 탐구하고, 인간의 내면을 더욱 깊이 이해할 수 있습니다. 또한 문학은 시대를 초월하여 인간의 본질적인 질문과 마주하게 해주며 우리가 살아가는 세계를 더 풍요롭고 아름답게 만들어줍니다.

 찬란한 역사와 문화유산을 가진 우리 진주시는 풍부한 문학적 소양을 자랑하는 도시로서 뛰어난 문학인들을 배출해왔습니다. 이번 「2024 찾아가는 문학 세미나」는 문학과 인연이 깊은 진주에서 열리는 만큼 더욱 특별한 의미를 지닌다고 생각합니다.

 경남문협의 찾아가는 문학 세미나가 경남 도민의 문학 참여를 확대하고 문학 공동체를 만들어가는 데 큰 역할을 해왔으므로 진주시에서 열리는 이번 세미나 역시 우리 진주시의 문학적 전통을 이어가고, 시민들의 문학 감성을 함양하는 데 큰 역할을 할 것이라고 기대합니다.

 급변하는 현대사회에 살고 있는 우리는 그 어느 때보다도 더 많은 위안과 용기를 문학에서 얻고 있습니다. 그런 의미에서 문학인들은 우리 사회에 매우 중요한 역할을 하고 있다고 생각합니다. 문학을 사랑하는 모든 분이 이번 세미나를 통해 이러한 문학의 가치를 재발견하고, 또 함께 나누는 시간이 되기를 바랍니다.

 더불어 지수승산마을, 진주남강유등전시관 등 우리 시의 관광명소를 둘러보시면서 진주시의 아름다운 자연과 문화유산, 그리고 진주의 멋과 맛을 꼭 느껴보시길 권해 드립니다.

 이 행사가 성공적으로 개최될 수 있도록 힘써주신 경남문인협회 민창홍 회장님과 관계자 여러분께 다시 한 번 감사드리며, 참석하신 모든 분들의 건강과 행복을 기원합니다.

2024년 7월 27일

축사

# 진주의 역사, 문학과 만나 지역의 멋 뽐내길

백 승 홍 진주시의회 의장

반갑습니다. 진주시의회 의장 백승홍입니다.
경상남도문인협회 회원 여러분의 진주시 방문을 진심으로 환영합니다. 올해 '찾아가는 문학세미나'를 통해 진주를 주제로 한 회원들의 작품을 수록하는 사화집이 발간되어 정말 기쁘게 생각합니다. 이번 기회를 통해 진주의 역사와 문화가 문학이라는 예술과 만나면서 지역의 멋을 뽐낼 수 있으리라 기대합니다.
그동안 경남문인협회에서 문인들의 권익 보호와 더불어 좋은 글을 쓰는 작가가 인정받는 지역 문화계를 만들기 위해 꾸준히 노력해왔습니다. 특히 '찾아가는 문학세미나'를 통해 지역 문학의 발전을 도모해 왔고, 도민들과 함께하는 문화행사를 이어가고 있는 점을 높이 평가합니다. 이러한 노력이 경남문인협회의 발전을 이끌고, 우리 지역의 문학적 풍요로움을 증진시키는 데 큰 역할을 하고 있습니다.
천년 고을 진주는 예로부터 오랜 세월 켜켜이 쌓여온 흥미로운 이야깃거리를 보유하고 있어 문학의 소재로 두고두고 쓰일 만한 공간입니다.
충무공 김시민 장군과 의병들이 함께한 임진왜란 3대첩 진주성 전투, 의기 논개의 충절과 의암의 전설, 조선 3대 누각 촉석루, '북평양 남진주' 진주교방굿거리와 교방음식, 화려한 기품의 진주검무, 우리나라 최초의 근대적 신분 해방 운동인 형평운동과 동학보다 32년 앞선 진주농민항쟁, 걸인과 기생까지 한뜻으로 나서 서울 외 전국 최대 규모였던 진주기미만세의거 등 하나하나 나열하기 어려울 만큼 흥미로운 이야기가 가득합니다.

또한 진주에는 서울·부산을 제외하면 전국에서 몇 안 되는 100년 역사의 전통시장, 진주중앙시장이 있습니다. 이렇게 사통팔달의 고장으로 사람들이 모이다 보니 민속 소싸움 놀이의 발원지가 됐으며 오색향연 진주비빔밥과 감칠맛 나는 진주냉면의 사람들을 즐겁게 했습니다.

과거 대봉산으로 불렸던 비봉산에 대한 전설은 어떨까요? 워낙 출중한 인물이 많이 났던 탓에 이곳 진주를 누그러뜨리려 조정에서 몰래 사람을 보내 봉암을 깨어 없애고 봉황을 날려 보냈다고 하는 전설 말입니다. 떠난 봉황을 다시 부르려 마련된 봉알자리는 하늘을 나는 수레, 비거(飛車)의 이야기와 함께 우리의 무궁무진한 상상력을 일깨워주기도 합니다.

다시 한번 지역성을 고이 여겨 사화집을 발간하는 등 각별한 문학 활동을 통해 독자들에게 깊은 감동과 영감을 주시는 경남문인협회에 크나큰 감사의 마음을 전합니다. 앞으로도 이러한 노력과 열정이 이어져 지역 문학계가 한층 더 발전해나갈 수 있길 소망합니다.

문학으로 맺어지는 인연을 감사히 여기며 아름다운 작품 활동 이어가시길 기원하고, 진주에서 행복한 시간 보내시길 바랍니다. 감사합니다.

2024년 7월 27일

환영사

# 문화예술의 도시 진주 방문을 환영하면서

김 성 진 진주문인협회 회장

 경남 문인의 축제인 '찾아가는 경남문협 세미나'가 올해는 진주에서 열리게 되었습니다. 경남문인협회 21대 민창홍 호 출범 후 가장 큰 행사가 아닐까 싶습니다. 진주 문인의 한 사람으로서 도내 각 시군 문인의 진주방문을 크게 환영합니다.
 아시다시피 우리 진주는 역사적으로 수많은 외세의 침략에 맞서 나라를 지켜낸 '충절의 고장'입니다. 그래서인지 진주를 상징하는 말이 참 많은 것 같습니다. '천년고도 진주', '문화예술의 도시 진주', '교육의 도시 진주', '유네스코 창의도시 진주', '축제의 도시 진주' 등등 수많은 수식어 중 가장 진주를 잘 나타내는 말은 무엇일까요. 저는 '문화예술의 도시 진주'라고 생각합니다. 문화예술의 도시답지 않게 올해는 지원이 부족해 행사는 비록 짧게 진행되지만, 세미나만큼은 알차고 유익한 내용이 될 것입니다.
 세미나 주제 발표자로는 진주 문학을 가장 많이 연구했을 뿐만 아니라 몸으로 직접 체험해온 강희근 경상국립대학교 명예교수와 송희복 진주교육대학교 명예교수를 초빙하여 진주에서 발현된 소년운동이나 아나키즘, 개천예술제 등을 이끈 진주출신의 문인에 대해 조명해 보는 시간이 될 것입니다.

 우리 진주는 최초라는 수식어가 유난히 많은 곳입니다. 그중에 문인으로서 가장 자부심을 가지는 것은 전국 문화예술제의 효시인 개천예술제를 전국 최초로 연 것입니다. 진주문인협회의 역사는 독립 이전인 1946년 발족한 진주시인협회에서 비롯됩니다. 진주문인협회의 전신인 진주시인협회를 이끄신 동기 이경순 선생, 파성 설창수 선생 등이 1949년 독립 1주년을 맞아 개천예술제(영남예술제)를 창제한 것입니다. 개천예술제는 몇 번의 국가재난 때를 제외하고 끊임없이 이어왔으며, 올해 73회를 준비하고 있습니다.

 그런 자부심과 달리 진주 문단의 현실을 보면 부끄럽기 짝이 없습니다. 대한민국의 모든 문학 단체는 문학의 질적 향상과 소재를 발굴하기 위해 전국 곳곳의 문학관으로 문학기행을 다닙니다. '경남문협'이나 '진주문협'도 마찬가지입니다. 그때마다 자괴감이 드는 것은 '문화예술의 도시'라 자부하는 우리 진주에 역사적인 문인을 수없이 배출하였음에도 제대로 된 문학관 하나 없다는 것입니다. 관련 모든 단체나 책임자들에게 감히 제안합니다. 오늘 행사가 기폭제가 되어 진주에도 문학관 하나쯤 만들어 전국의 문인들이 진주로 문학기행을 올 수 있는 여건을 만들었으면 합니다.

 오늘은 경남의 모든 시군 문인이 진주에 모여 진주를 체험하고, 진주의 문학사를 공부하고, 진주를 소재로 한 작품으로 책을 발간하는 축제의 날입니다. 아무쪼록 짧은 시간이나마 즐거운 체험과 유익한 시간되시길 바랍니다.

2024년 7월 27일

# 찾아가는 경남문협2024

**화　보** | 진주팔경

**발간사** | 경남문인협회 회장 **민창홍**　006
**축　사** | 진주시장 **조규일**　008
**축　사** | 진주시의회의장 **백승홍**　010
**환영사** | 진주문인협회 회장 **김성진**　012

## 2024 찾아가는 경남문협 세미나

후문학파는 진주의 이경순… | **강희근**　022
진주를 소재로 한 나의 시와… | **송희복**　032

## 경남의 시

진주 인사동 | **김명희**　050
진주 | **김무영**　052
진주, 추억의 남강 함께 | **김미정**　053
비상 | **김민영**　055
8월의 경남 수목원에는 | **김민철**　057
진주에 가면 | **김병수**　059
남가람별빛길 | **김새하**　061
청동기로 떠난 여행 | **김성진**　064
진주남강 물수제비 | **김우태**　066
촉석루의 물빛 | **김정수**　068
달 향 | **김판암**　070

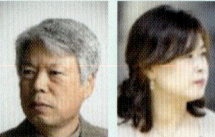

# Contents

단목골 | **김홍선**  071

우연과 필연 | **김홍년**  072

위대한 진주의 역사 | **류재상**  074

흐르지 않는 강 | **민영목**  076

진양호에서 | **민창홍**  078

남강대숲 | **박기원**  080

월아산 휴양림 | **박서현**  082

남강유정 | **박선해**  084

농투산이 일지 | **박오철**  085

진주남강 50번지 | **박우담**  087

구국의 논개 정신 | **박일춘**  089

논개 | **박태현**  091

나비 첩첩 | **백숙자**  092

빛을 옮기는 사람들 | **서봉순**  094

다시 대숲 | **성선경**  096

비봉루 | **손국복**  098

신의 저울은 한쪽으로 기운다 | **안창섭**  099

남강, 진주 | **안화수**  100

진주에서 | **양 곡**  102

겨울, 남강 산책기 | **오미경**  103

진주 주약동 어느 산등성 | **윤홍렬**  105

진주남강 | **이경연**  107

진주를 진주같이 | **이기성**  109

# 찾아가는 경남문협 2024

남강2 | **이루시** 111

진주성에서 | **이명호** 112

남강에 서면 | **이미순** 113

노란 자전거 | **이미화** 115

붉은 혀를 새기다 | **이서린** 117

영혼의 평거(平居) | **이소정** 118

진주성에서 | **이영자** 120

형평사 진주 | **이월춘** 122

진주 남강 또 남강 | **이점선** 123

진주성 | **이진주** 124

진주성에서 | **이창하** 127

이별을 대하는 방식 | **이현수** 129

영원의 극지 | **임창연** 130

남강으로의 초대 | **장정희** 132

유등놀이 기억 | **장효익** 134

진양호 낙조 | **정삼희** 135

돌아온 책 | **정이경** 136

남강의 시간대 | **조향옥** 138

진주 새벼리의 봄 | **주강홍** 141

내가 버린 가좌 | **주향숙** 143

진주 남강다리 중간쯤에서… | **차영한** 144

남강의 눈물 | **최인락** 146

내가 진주 남강에 연등을… | **표성흠** 148

# Contents

금호지에서 | **하미애**  149
그때 그 물빛 | **하 영**  150
남강의 자라 | **허정란**  151
내 고향 진주 | **허혜자**  152
뒤벼리 | **황숙자**  154
내 마음의 고향 진주 | **김금조**  155

## 경남의 시조

개천예술제 | **강경주**  162
남강 | **강병선**  163
진주송 삼제 | **강호인**  164
에나 | **김귀자**  165
논개를 생각함 | **김민지**  166
겨울 남강 . 2 | **김복근**  167
장원루에 홀로 앉아 | **김상철**  168
남강은 알고 있다 | **김승봉**  169
진삼선 | **김차순**  170
남강 | **서일옥**  171
뒤벼리2 | **이동배**  172
신발 | **이정숙**  173
남강 의암 | **이정홍**  174
고운 아미 초승달 | **정강혜**  175
진주성 촉석루 | **정현대**  176
진주성 | **하순희**  177
남강 물결 | **허상회**  178

# 찾아가는 경남문협2024

## 경남의 수필

나막신쟁이의 날 | **강미나**  182

진주와의 인연 | **강수찬**  186

시낭송 축제 | **김상환**  190

진주 누님 | **김순철**  194

양귀비꽃보다 더 붉은 | **노갑선**  198

스토리텔링이 있는 힐링여행 | **박종현**  202

시로 만나는 진주 | **박혜원**  208

진주의 1950년 7월 31일과… | **배대균**  211

아름다운 동행 | **배소희**  214

일본을 얼마나 아십니까 | **서정욱**  219

너우니 | **손정란**  223

호수는 잠들지 않는다 | **신서영**  226

강강술래와 논개 | **신애리**  230

강주연못에서 다시읽는 역사 | **양미경**  234

진주와의 인연 | **윤용수**  238

마지막 여행지 진주 | **이승철**  240

숲속의 진주 | **이희경**  244

진주난봉가 | **정영선**  247

선학산 만죽동 시절 | **조평래**  252

부자의 삶을 엿보다 | **허숙영**  256

# Contents

## 경남의 동시·동화

진주라 카모 하모아이가 | **강 숙** 264
남강 유등축제 | **김용웅** 266
어머니의 젓줄 | **김철민** 268
남강 유등축제 | **김혜영** 270
진주를 찾아서 | **손영순** 272
촉석루 그 아이 | **임신행** 277
파 한 뿌리 | **정현수** 280

## 경남의 소설

이 사람 내가 아오 | **박주원** 292
물의 영혼 | **이 산** 297

2024 찾아가는 경남문협 세미나
- 진주 편

후문학파는 진주의 이경순, 이병주가 효시다

_ 강희근

# 후문학파는 진주의 이경순, 이병주가 효시다

강희근(시인, 경상국립대 명예교수)

1.

　필자가 한국문인협회 부이사장 시절에 제창한 '후문학파'는 문인들 중에서 〈선인생-후문학〉의 길에 들어선 늦깎이 문인들을 지칭하면서 나온 용어다. 말하자면 인생을 먼저 살면서 체험한 바를 이를 정리하여 문학으로 형상화하여 성공한 사례들에 대해서 논의하면서 이런 경우가 희귀할 뿐만 아니라 오히려 바람직하다는 것을 인정하는 데로부터 생겨난 용어이고 그러다 보니 문단적 현실의 하나인 정년이후 등단하는 사례들이 급격히 늘어나는 노령화 현상까지 포괄하는 용어가 된 것이다. 현재 한국문인협회 회원 중 65세 이상이 대략 6할 이상으로 집계된다는 점에서 대단히 중요한 노령 국면에 대한 이해의 개념으로 평가할 수 있다.

2.

　광복 이후 진주에서 활동하기 시작하는 시인 이경순과 소설가 이병주는 맞춤형 후문학파라 할 수 있다. 그것은 선인생의 문학적 예비기간이 20여년이나 길다는 점(이경순), 아니면 일제 말 일본 유학생으로 학병체험을 했다는 점과 5.16이후 옥중체험을 했다는 점(이병주) 등이 독특하고 유다르다는 점에서 그 논의는 깊이와 넓이를 확보할 수 있다는 것이다.

2-1.
  이경순을 보자. 아호는 동기(東騎, 동쪽 기사), 진양군 명석면 출생(1905) 작고는 1985년 3월 15일
1924년 4.1 동경 주계상업학교 졸업. 1927년 일본대학 전문과정 경제과 중퇴.
1942년 일본 포화시 京北치과의전 졸업
1946년 진주공립농림학교 교사
등단 1949년 45세 '백민' 주간 김송
1947년 동인지『등불』에 〈여인에게〉발표 1948년 경향신문 〈盞〉
1952년『삼인집』(조진대,이경순,설창수) 시집『생명부』15편 영남문학회
1968년 시집『태양이 미끄러진 빙판』1976년 시집『歷史』
1949년 영남예술제 발기(설창수 박세제 이경순, 이용준 박생광 오제봉)
1955년 남해창선중고등학교 교장
1962년 진주상고 교장
1962년 진주문협 회장
1963년 진주예총회장 잠시

『동기 이경순 전집』(1992, 진주신문사, 자유사상사)에 나오는 《그

때 그 시절》에서 발췌해 본다.

□ 조국과 문학

　기미 3.1운동의 민족봉기를 계기로 해서 내 머리 위에 묶어 얹힌 상투를 깎아버리고 신학문을 배워야겠다고 동경에 있는 어느 학교에 입학했다. 그때 이민족의 지배하에 있던 우리로서는 자유를 위하여 차라리 반항을 택하는 것이 지당한 노릇이라고 생각했었다. 내가 처신해야 할 이런 결론을 얻은 나는 하기방학에 귀향해서 진주에 있던 시인 김병호씨 소개로 어느, 일간지에 「백합화」란 제목으로 쓴 시편을 발표하고 다시 동경으로 들어가서 문학으로 살아가기보다는 문학을 할 수 있는 자유스런 정신상황을 이루어야 하겠다고 사상단체 '흑우회' 동지로서 활동했다. 그러나 예비검속에 걸려 그를 피해 정태성과 동반하고 진주로 돌아왔다. 이곳에서 동경 농업대학에 재학 중인 홍두표와 합쳐 문산에 있는 청곡사에 체류하면서 시를 쓴다고 핑계하고 실은 아나키즘 연구로 허무조직과 환상 건축을 하게 된 것이니 진주경찰에 검거되어 홍은 면소되고 정과 나는 교도소에 수감되어 5개월을 고생했다. 하옥한 이유는 치안유지법 제1조 제2항인 선동 조항에 해당된다는 것이다. 진주에서 대구로 이감되었을 때 대구에 있던 화가 김용준이 면회하러 왔다. 이것이 이른바 진주아나사건이다. 검사 항소와 증거불충분 등으로 무죄 판결이 났다.

　'흑우회는 -"이상 사회 실현, 중앙집권 배격, 자주 자율 지방분산, 제국주의 독재 전제정체 반대, 약소민족 해방과 독립운동 동조"

□ 다다이스트와 對見

영문학자이자 소설가이고 다다이스트 쓰지준의 활동 분주, 그 제자가 고교신길이었다. 동기는 그 쓰지준과 한 술집에서 소주잔을 나누었다. 그가 휘파람으로 '지고이네르바이젠'(流浪의 民)을 불기에 나도 '아리랑'을 불렀더니 그가 말하기를 의미는 모르겠으나 곡이 역시 유랑민의 哀調라고 했을 때는 아연했다.

□강희근「자유의지와 悟性의 미학」(월간문학 75년 10월호)-후문학의 면모
동기의 자유의지는 3가지 각도에서 형성
첫째 조국 상실의 비분에서 벗어나려는 노력
둘째 아나키즘의 영향
셋째 데카당스의 영향.......총체적으로 모더니즘 지향의 시


  쾅!
  탄환이 달아났다

  벽 넘엔/ 구멍난 밤이/ 질식한 역사를 흔들어 깨우고

  책상엔
  망명의 길을 잊은 /데카단티즘이/ 신음만 한다

  이론이 끝난 도래상 벳바닥에/ 막걸리 방울 방울
  눈물 흔적이 탁하고

盞조각이 흩어진 머리맡엔/기름 다 탄 호롱불/가물가물 臨終을 지킨다

_「盞」


□광복후 아나키즘 미 정리 상태에서 일으킨 갖가지 에피소드가 유명하다
농림학교 교사시절 술, 장학사 린치
창선고교 교장 시잘 소풍에서 〈백구야〉 춤추기 등등

2-2.
나림 이병주를 보자.
1921년 3,16일 하동군 북천면에서 태어남
1933년 양보공립보통학교 졸업
1940년 진주공립농업학교 졸업
1941-1943년 일본 메이지대학 전문부 문과, 별과
1944년 학병으로 동원되어 중국 소주(쑤저우)에서 지냄
1946년 2월 귀국
1948년 진주농과대학과 해인대학에서 영어 불어 철학을 강의
1955년 국제신보에 입사 편집국장 및 주필
1957년 부산일보에 소설「내일 없는 그날」연재
1961년 5.16에 필화사건으로 혁명재판소에서 10년 선고, 2년 7개월 복역
　　　외국어대 이화여대 출강

1965년 중편 「알렉산드리아」를 《세대》지에 발표함으로써 등단
1966년 「마술사」를 현대문학에 발표(진주 장대동에서 집필, 신찬식 증언)
1968년 「관부연락선」 월간중앙에 연재
1977년 중편 「낙엽」과 「망명의 늪」으로 한국문학 작가상, 한국창작문학상
1985년 장편 「지리산」
1991년 인물평전 「대통령들의 초상」, 「삼국지」
2006년 『이병주전집』 전30권 한길사
2009년 유작 장편 「별이 차가운 밤이면」

□ 이병주 글쓰기의 원점 김윤식
1944년 1월 20일 일제히 학도병 징집, 당시 재학생 5천여 명 중 4358명 입대.
이병주는 메이지대 전문부 문과를 大山으로 창씨한 그가 졸업한 것은 1943년 9월이었다. 그는 1944년 1월 20일 대구연대를 거쳐 중국 소주에 있는 일본군 60사단 치중대(수송부대)에 배치된 것은 2월 초순이었다.
1980년 이병주는 자전 단편 「8월의 사상」을 썼다. 그 무렵 그는 소주회 출신 모임에서 자천 회장이 된다. 소설 속에서 그는 다음과 같이 썼다.

그러나
사자는 사자시대의 향수를 지니고 있다

독사는 독사시대의 향수를 지니고 있다

그런데
너는 도대체 뭐냐?
용병을 자원한 사나이
제값도 모르고 스스로를 팔아버린
노예

그러나
너에겐 인간의 향수가 용인되지 않는다
지금 포기한 인간을 다시 찾을 수 없다
갸륵하다는 건 사람의 노예가 되기보다는 말의 노예가 되겠다는
너의 자각이라고나 할까

먼 훗날
살아서 너의 집으로 돌아갈 수 있다 하더라도
사람으로서 행세할 생각은 말라
돼지를 배워 살을 찌우고
개를 배워 개처럼 짖어라
(후략)

_「8월의 사상」에서


이병주 글쓰기의 원점은 노예 신분의 자각에서 왔다. 노예는 물론

사람이다. 개나 돼지일 수 없다. 그러나 이 조선의 학병 이병주에 있어 노예의 자각은 사람은 아니다에서 연유되고 있었음에 주목할 것이다. 왜냐면 사람의 노예 되기보다는 말의 노예 되기의 자각이었던 까닭이다.

□ 노예 콤플렉스에서 벗어나기 위한 3단계
첫 번째 단계는 교사되기 - 관부연락선
두 번째 단계는 언론계 뛰어들기-5.16 이후 2년 7개월 복역
세 번째 단계는 작가되기의 단계- 소설, 알렉산드리아

### 강희근

1965년《서울신문》신춘문예 당선
경상대학교 명예교수, 한국문인협회 부이사장 역임
경남문협회장 역임, 진주문협회장 역임
조연현 문학상, 김삿갓문학상, 이형기문학상 등
저서『파주기행』외 30여권

2024 찾아가는 경남문협 세미나
- 진주 편

## 진주를 소재로 한 나의 시와 소설

_ 송희복

# 진주를 소재로 한 나의 시와 소설

송희복(문학평론가, 진주교육대학교 명예교수)

## 1. 시작을 위한 한마디

 한 개인의 삶은 시간의 흐름에서 자유로울 수가 없다. 아무리 긴 세월이라고 해도, 살고 나서 지나온 시간을 되돌아보면 잠깐이다. 나는 진주교육대학교 교수로서 24년을 재직하고 퇴임했다. 문인으로서, 학인으로서 적잖은 시간을 진주에서 보냈던 것이다. 당연하게도, 진주와 관련되는 글들이 적지 않다.
 지금은 사람들이 지역 소멸의 시기라고들 말을 하곤 한다. 모든 것이 수도권으로 집중되는 것은 우리의 미래를 위해 좋은 것은 아니다. 나는 진주의 문화, 역사, 예술에 적지 않은 관심을 가지고 살아온 것은 사실이다. 진주에 관한 산문과 비평문과 학술논문만을 모아 다시 편집해 단행본을 엮는다면 몇 권의 분량에 이른다. 내가 진주를 위해 기여한 것이 있었다고 생각하지는 않는다.
 하지만 오늘 이 자리에 모인 여러분께 내가 말씀을 드리려고 하는 것은 시와 소설에 관한 순수 창작문학에 관해서다. 특별히 의도한 것도 아니었지만 내가 진주에서 살다 보니 진주를 소재로 한 창작품을 매만지게 된 것이다. 내 시와 소설 중의 일부가 나의 진주에서의 삶이 있는 그대로 녹아져 있는 것 같아, 생각하면 생각할수록 애착이 간다.

## 2. 동시와 서정시에 대하여

먼저 동시 및 서정시를 보자. 내가 그 동안에 동시집 한 권을 포함해 여섯 권의 시집을 상재했거니와, 적지 않은 시집들 속에, 진주와 관련된 시들이 적지 않게 포함되어 있는 것은 두말할 나위가 없다. 비교적 오래된 것은 「청곡세류지」와 「꽃뱀길」이다. 전자는 청곡사 인근의 곱고도 앙증맞은 연못정원을 묘사한 시다. 후자는 진양호 전망대에서 능선 따라 상락원에 이르는 무명(無名)의 길이 마치 뱀처럼 꿈틀대는 것 같대서 이름을 붙인 시이다. 이 두 편의 시는 시의 제목이나 본문 속에 진주와 관련된 기호나 지명이 반영되어 있다는 점에서 소위 '진주 제재(題材 : 제목이나 소재)의 시'라고 할 수 있겠다. 하지만 진주를 제재로 했지만, 독자들은 알 수 없고, 다만 작자인 나만이 알고 있는 시들이 그보다 양적으로 더 많다고 할 수 있다.

내가 쓴 동시 중에서 가장 대표적인 한 편을 꼽으라고 한다면, 다음에 인용될 동시 「새들은 음표처럼」이다. 나는 한 동안 아파트와 아파트 사이에 놓인, 무척 운치가 있는 숲길을 걸어서 출퇴근을 했다. 이 숲길 끄트머리의 아파트 담벼락에는 늘 참새들이 짹짹대면서 나무 위로, 나무와 마무 사이로, 늘 바쁘게 움직이면서 날아서 옮겨 다녔다. 이걸 보고 쓴 동시다.

1

새들은 팔분음표처럼

제 모습을 만든다.

하늘을 우러러보면

이런 모습 ♩

땅을 굽어볼 때는

저런 모습 ♪

2

새들은 십육분음표처럼

제 모습을 만든다.

하늘로 솟구치면

저런 모습 ♩

땅으로 내려올 때는

이런 모습 ♪

이 동시는 내가 이 시를 읽을 아이들에게 시각적인 부호인 음표를 제시하면서 이들이 읽지 않고 넘어가도록 유도한 것이다. 시가 반드시 읽어야 한다는 고정관념을 벗어나 눈으로 받아들일 수 있게 했다. 음표는 새의 오르내리는 움직임을 시각적으로 빗대고 있는 일종의 기호, 즉 보조관념이다. 숲길 끄트머리의 아파트 담벼락 반대편에는 늘 난장이 서 있었다. 가난한 상인들이 상행위를 할 수 있도록 시에서 배려한 공간인 듯싶다. 아파트 주민들이 간단한 야채나 생선을 구하기 위해 들리지만 흥청망청하는 장거리는 아니었다. 하루는 저물녘의 퇴근길에 비가 조금씩 내리고 있고, 물건을 사려는 사람들이 아무도 없던 고적한 장터에서 경험한 일이 있어서 한편의 시가 되기도 했다. 시는 산문시 형태로 쓰이었다. 제목은 「아름다운 할머니」였다.

내가 출근하는 아파트 샛길에 빈 장터가 늘 그렇게 있습니다. 퇴근을 할 때면, 장터에는 어김없이 난장이 서게 됩니다. 하지만 오가는 사람들이 적기 때문에 붐비는 장거리라고는 말할 수가 없습니다. 난가게들이 좀 기다랗고 덩그렇게 줄지어 서 있는 한데의 난장일 뿐입니다. 비가 부슬부슬 내리는 어느 가을날 오후였지요. 행인은 아무도 없고 상인들만 길가의 난가게를 무료하게 지키고 있었습니다. 그런데 야채를 파는 한 할머니는 깨알 같은 글씨의 성경을 돋보기안경도 없이 열심히 읽고 있었습니다. 비를 막아주는 고정된 큰 우산아래에서 성경을 받쳐 든 두 손은, 마른 나무의 껍질 같은 거친 손입니다. 비 오는 날에 길거리 장터에서 성경을 읽는 행상 할머니만큼 아름다운 할머니를 난 결코 본 일이 없었습니다. 굳이 말하자면, 나는 불자(佛者)라고 할 수 있지요. 불자인 나의 마음속에서도 잔물결과 같은 것이 반짝이면서 흔들거리고 있었습니다.

하나의 장면이나 상황을 쉽게 받아들이고, 또 이 받아들인 내 감정이 평이하게 쓰인 시다. 그래도 뜻은 곡진하다. 나는 기독교인이 아니지만 각 나라 문자로 표기된 성경의 말씀이 각 나라 사람들에게 영혼의 양식이 아닌가, 여겨진다. 이 말씀을 기록한 깨알 같은 문자들은 쌀알도, 한 그릇의 밥도, 어림 반 푼어치의 돈도 될 수 없지만, 읽는 사람들의 마음을 편안하게 하고, 믿는 사람들의 영혼을 깨끗이 맑힌다. 시 속의 할머니도 마찬가지일 것이다. 이 할머니를 품은 세상은 모순투성이다. 물질적 행복을 고루고루 베풀지 않아서다. 세상의 사회지도자 중에서 생선 가게를 맡은 고양이가 되는 경우들도 적지 않은데, 난장의 생선가게를 지키면서 정직하게 살아가려는 가난한 행상들도 적지 않다고, 나는 생각한다. 나는 진주에서 직장생활을 마감하고 서울로 돌아갔다. 참새들이 나뭇가지를 음표처럼 날아서 오르내리고, 가난한 사람들의 난가게가 즐비한, 진주 신안동에 소재한 아파트 마을의 작은 이면도로가 지금도 생각킨다.

낮게 웅크린
늙은 벚나무가

가지마다 피우다
어지럽게 지우는

조각난
분홍

  이 짧은 시는 내가 재직했던 진주교육대학교 교정의 나무들을 소재로 한 연작시 중의 하나이다. 교정에는 일제강점기 진주사범학교 시절부터 있어온 나무들이 적지 않다. 부설초등학교 운동장으로 들어가는 길가에 아주 오래된 것 같은 벚나무 한 그루가 있는데 한눈에 보기에도 늙어서 기우뚱해진 노목(老木)처럼 여겨진다. 그래도 때가 되면, 가지마다 화사한 벚꽃을 어김없이 피워낸다. 꽃잎 떨어뜨리는 것도 예술적이다. 이 조각난 순간을 포착한 시다. 나무는 아무리 늙어도 꽃을 피우고, 지운다. 자연의 힘과 아름다움이 아니고선 불가능하다.

## 3. 장편서사시 「새벼리의 아적붉새」

  일제강점기에 속하는 1923년의 형평운동은 진주 지역의 역사에서 간과 할 수 없는 사건이다. 나는 이에 대한 장편서사시를 발표하기도 했다. 나의 시집 『스무 편의 서정시와 한 편의 서사시』(2020)에 장편서사시 「새벼리의 아적붉새」가 실려 있다. 일종의, 지역사회에서 살아가는 문인, 교수로서의 의무감 같은 것이 반영된 면도 없지 않았다.
  저 '새벼리'는 진주 남강 변의 동쪽 벼랑이다. 시내에서 보면 아침마다 먼동이 트는 곳, 아침놀을 진주 방언으로 '아적붉새'라고 한다. 아침녘에 붉게 번져오는 모양새를 뜻한다. 진주의 형평운동이 이 땅의 백정 신분을 해방하는 데 큰 역할을 담당했다.

다음에 인용한 내용은 형평사 창립의 전야에 백정 지도자들과 지사들이 모여 뜻을 함께 다지는 등의 하루 전 날의 심정을 극화한 것이다. 우리나라 인권사의 큰 발자취를 남긴 형평운동의 전야의 일이다.

> 내일에도 새벼리 위로 아적붉새가 벌겋게
> 물이 들리라. 진주 땅에 골골샅샅이 물들고
> 빛이 내리 비추리라. 내일이면 물들 새벼리의
> 아적붉새는 새로운 세상을 알리는 경축의
> 전조가 되리라……

내가 이 서사시를 쓴 것에 대한 동기가 있었다. 아마 2018년 무렵의 일이었던가 싶다. 진주는 지역적으로 좁지만 국립대학교가 셋이나 있었다. (지금은 두 학교가 통합이 되어 있다.) 친한 교수들끼리 몇몇이 모여 학문적인 정보도 교환하고 저녁식사나 술을 마시기도 한다. 그때 다들 아는 누군가를 가리키면서 화제로 삼은 일이 있었다. 그 누구의 선대가 섬들이 무척 많은 항구도시에서 정치망을 운영해 부를 축적한 것을 두고, 나는 부러워했는데, 모인 대부분의 사람들이 그 누구를 천출(賤出)인 것처럼 얘기하는 걸 두고 속으로 깜짝 놀란 일이 있다. 이 시대에 생선을 키워 부를 축적하는 것이 무슨 천한 직업이라고? 마치 소나 돼지를 잡는 도살업자를 과거의 백정처럼 천하게 여기는 것처럼 말이다. 시대착오도 또 그런 시대착오도 없었다. 배워도 많이 배운 사람들이.

특히 그 누구를 천하다고 가장 강하게 주장한 이는 경남 지역의 도계와 붙어있는 타지에서 온 이였다. 그는 빈농의 아들로 태어나 중학생 시절에 아버지를 저세상으로 보낸 후의 막막함 속에서 공부를 하면서 사회적으로 입신한 이였다. 그 당시에 그의 형은 권력기관에 재직하다가 은퇴를 했고, 본인은 국립대학교 교수로 정년을 앞두고 있었다. 이 형제는 우리 현대사에서 신분상승을 성취한 흔치 않은 예에 해당한다. 자신은 계층적으로 수직 상승을 이룩했으면서도, 사회의 계급적인 수평을 인정하지 않다는 것은 분명히 모순적이었다.

우리나라 현대사에서 민주화를 성취하는 데 가장 기여한, 김 씨 성을 가진 두 분의 대통령이 있다. 공교롭게도 두 분 다 섬 출신이다. 신라 망국을 앞둔 조신(朝臣)들이 그토록 아랫것으로 멸시한 해도인(섬사람)이다. 이 중에서 한 분은 어선주의 아들이었고, 또 한 분은 작은댁의 아들이었다. 우리 국민 중에서 이 분들을 두고, 누가 천출이니, 서출이니 함부로 입을 놀리면서 우습게 여기겠는가? 아무도 그런 막된 생각을 가진 사람들이 없다고, 나는 단언한다. 우리 국민의 평균적인 생각 수준도 꽤 높아졌다.

나는 그때 다들 그런 생각을 가지고 말을 섞고 있다는 사실에 충격을 금하지 않을 수 없었다. 내가 그날에 귀가해서 두 가지를 생각했다. 하나는 진주의 형평운동에 관해서 내가 지역의 지식인으로서 무언가 기여해야겠다는 다짐이었다. 2년 후에 내가 장편 서사시 「새벼리의 아적붉새」를 창작해 신간의 시집 속에 넣었다. 지금 생각해도 잘한 일이라고 생각한다. 또 하나는 내가 20년 동안에 걸쳐 국립대 교수로 일을 해왔지만 국립대가 해체되어야 한다는 생각이었다. 일본도 이미 오래 전에 국립대를 국립법인화로 전환했다. 우리나라의 경우는 서울대학교가 스스로 국립법인화로 전환했다. 국립대 해체는 국립법인화로의 전환을 의미한다. 백 년 전의 지사들보다 못한 의식 수준의 국립대 교수들에게 국가가 국민의 혈세로 지원한다는 것은 잘못된 일이라고 본다. 이 생각은 지금도 변함이 없다.

　백 년 전의 형평운동은 지금의 우리 시대에도 유효하다. 우리의 공동체는 분열상을 보이고 있다. 공동체 구성원의 화합을 저해하는 것은 분노의 적대감이다. 공동체를 완성하는 것은 공정이다. 이 공정이야말로 형평이다. 형평은 지금의 우리 사회에만 국한되지 않는다. 국제적인 의미를 지니기도 한다. 서사시는 다음과 같이 마무리된다.

> 새벼리의 아적붉새가 곱게 물들리라.
> 이 세상에서 차별을 받거나 버림받는
> 모든 이들의 마음속에, 꿈속에……

　우리 사회는 그 동안 성장을 거듭해오면서 사회적으로나 제도적으로 인식의 발상전환을 이루어 왔다. 아직 만족할 만한 수준은 아니지만, 빈부 차이도 복지 제도에 의해 조금 개선되었고, 남녀차별도 여초(女超)와 미투(me-too)의 상징성에 의해 점차 극복해가고 있다. 우리는 아직도 직업이 신분을 결정하고 있다고 여긴다. 의사직이 아니면, 신의 직장을 찾는다. 자기가 스스로 하고 싶은 일이 진짜 직업이다. 직분은 여러 가지 뜻으로 쓰인다. 직업적 신분, 직업윤리, 스스로 하고 싶은 일……. 의사의 인센티브나 사회적 자본보다, 노동의 가치와 자기 일의 보람, 자아실현이 더 중요하다. 수도권과 비수도권으로 나누어진 지역불균형을 극복하는 문제도 우리에게는 초미의 과제다. 지금 우리는 지역 소멸이라는 벼랑 끝에 서 있는 절박한 느낌에서, 결코 자유로울 수가 없다.

서사시「새벼리의 아적붉새」본문은 유튜브 검색 창에 '새벼리'만 입력해도 낭독으로 들을 수 있다. 낭독 시간은 30분 30초이다.


4. 중편소설「옥비랑, 한삼을 뿌리다」

나는 얼마 전에 소설 열 편을 모은 창작집을 냈다. 이 중에서 중편소설「옥비랑, 한삼을 뿌리다」는 다산 정약용이 젊었을 때 진주에 와서 (이름이 남아있지 않은) 진주기생이 촉석루 마루에서 연행한 진주검무를 보면서 긴 시를 지은, 있었던 사실을 창작 동기로 삼아 허구적으로 꾸며내면서 부풀인 이야기다. 한삼은 무엇인가? 나비나 새의 날개를 상징하는 일종의 무구(巫具)로 춤을 추기 위한 속적삼이다. 소매 안에 감추어 놓았다가 춤의 절정에 이르면 꺼내어서 손목에 끼워 흔든다. 이 흔듦새의 아름다움을 반영한 게 소설 제목이다. 나는 이 무명 기생에게 '옥비랑'이라고 하는 이름을, 또 허구와 상상의 서사를 부여했다.

전국의 지방 교방에서 행해지는 칼춤 중에서 이른바 진주 검무는 춤추는 기녀의 한삼(汗衫 : 속젓삼) 뿌릴 사위가 특징적이다. 따로 떼어져 있는 한삼을 긴소매에 감추어두었다가 어느 국면에 이르면 팔목에 착용한다. 여인이 춤을 출 때 무구(舞具)로 사용하는 게 적지 않다. 전통 춤에서, 흔히 우리가 아는 무구로는 한삼과 쥘부채와 손수건이 대표적이다. 춤을 한자로 표현하면, 무(舞)와 용(踊)으로 크게 나누어진다. 무가 팔을 벌리고 흔드는 상체의 움직임이라면, 용은 발을 디디고 뛰는 하체의 움직임이다. 이 두 글자를 합치면 곧 무용이다. 무가 나비의 날갯짓이라면, 용은 새의 뜀박질이랄까? 그러니까 춤은 예제로 날아다니려고 하거나 하늘로 향해 솟구치거나 하는 인간의 꿈을 반영한 기예일 터. 한삼과 쥘부채와 손수건은 날개라는 모습의 징표다. 모습의 징표, 즉 상징이다. 이 중에서도 가장 큰 날개가 바로 춤추는 여인이 뿌리는 한삼이다.

옥비랑의 길게 늘어뜨리는 한삼 뿌림새는 남도에서 이미 정평이 나 있었다. 맑게도 텅 비어있는 허공으로 향해 날갯짓을 하는 요요(嫋嫋)함이란! 조선의 춤에서 특히 기녀의 춤은 요요함이 으뜸이다. 소리에 있어서의 요요함은 소리가 길고 간드러짐을 말하지만, 춤의 요요함이란 무희의 날씬한 태요, 춤 맵시요, 아름다운 움직임의 모양새를 가리킨다. 특히 옥비랑의 요요한 춤 맵시는 이를 바라보는 사내들의 넋을 빼앗는다. 나비의 날갯짓이나 새의 뜀박질 같은 신비한 움직임은 남도 사람들의 넋을 잃게 할 정도였다. (……) 한삼 뿌림의 춤사위는 곧바로 연풍대로 이어졌다. 연풍대란, 제비가 바람을 일으키며 날아오를 것 같은 대목이다. 곡선의 우아함이 어느덧 직선의 힘으로 바뀐다. 그녀는 팔랑개비가 바람에 가볍게 나부끼는 모양새를 내다가 무대를 빙빙 돌면서 빠르게 위로 솟구쳤다.

이 소설을 통해 다산 정약용이 살았던 시대의 진주와 관련된 풍속사, 기녀 제도사, 예술사회사를 세세하게 복원해낸 셈이 된다. 나는 이 소설을 통해 역사 문화의 도시인 진주와 다산 정약용을 이어주는 절호의 기회를 마련한 것으로 보입니다. 독자들, 비평가, 언론사가 이 소설을 철저하게 외면해도 지역사회에서 관심을 가져주면 하는 게, 작가로서의 솔직한 바람이다. 한때 동료였던 아무개 교수로부터 문자를 받고, 나는 힘을 얻었다. "옥비랑과 정약용에 관한 소설을 마치 사극을 보듯이 숨 가쁘게 읽었습니다. 시공간의 장대함 속에서 잠시 아름다운 서정에 잠겨봅니다. 선배 교수님의 강건함을 기원합니다." 문학과 전혀 무관한 일을 하는, 진주가 고향인 분의 격려다. 정년퇴임을 한 내게, 이제는 작가인 내게 응원을 보낸 것이다.

이 소설의 창작동기가 된 정약용의 시 「칼춤 추는 미인에게」에 관한 내 강의 동영상이 유튜브에 등재되어 있다. 강의 시간은 27분이다. 유튜브 검색 창에 '정약용 미인에게'를 입력하면, 이 강의 동영상을 쉽게 접할 수가 있다. 많은 분들의 참고가 있기를 바란다.


## 5. 사족을 다는 한마디

내가 이번에 간행한 소설집 『자작나무숲으로 가다』에서 오늘의 주제로부터 빼놓을 수 없는 두 개별 작품이 있다. 하나는 소설집 표제로 삼은 중편소설 「자작나무숲으로 가다」이며, 다른 하나는 단편소설 「삶이 곧 눈멂이라는」이다. 앞엣것은 진주와 무관한 것이지만 소설집의 중추적인 작품이란 저에서, 뒤엣것은 진주와 다소와 관련이 있는 작품이다.

예술가 소설이면서 또한 연애소설인 「자작나무숲으로 가다」의 내용은 대체로 다음과 같다. 30대 동료 교사인 남녀 주인공은 동·서

・남해안을 돌아다니면서 세 차례 혼전의 성관계를 맺는다. 하지만 결혼은 하지 못한다. 이로 인해 약자인 예술, 여성과, 강자인 돈, 남근주의가 맞부딪친다. 소설은 자아와 세계의 대결이다. 대결 양상을 어떻게 보여주느냐에 따라 소설의 성패가 결정된다. 며칠 전에, 나는 전설적인 비평가 김현의 일기를 우연히 읽었다. 한 문장을 보자. "왜 거의 모든 연애소설은 바다와 연결되어 있을까?"(1987, 4, 10.) 비록 명료하지 않아도, 「자작나무숲으로 가다」가 이 물음에 대한 하나의 응답을, 독자들이 얻을 수 있는 소설이 되었으면 좋겠다.

나는 한 여성소설가로부터 「자작나무숲으로 가다」가 보기 드물게 '진한 사랑'의 소설이라는 피드백을 받기도 했다. 나는 정말 야한가, 하고 마음속으로 되새김질을 해 보았다. 이 문제를 놓고, 나는 정신분석가인 내 아내와 함께 잠깐 대화를 나누어 보기도 했다. 대화의 내용을 소설의 본문처럼 다음과 같이 재구성해보았다.

"자기도 교정을 보면서 「자작나무숲으로 가다」를 읽어 보았잖아?
이 소설이 정말 '야한 섹스'의 소설이라고 생각해?"
"난 야한 섹스라기보다 '아픈 섹스'의 소설이라고 봐."
"아픈 섹스라니?"
"남녀 주인공들에게 마음의 상처가 뚜렷하잖아?"
"세상에, 마음의 상처가 없는 사람이 어디 있겠어?"
"자기의 그런 생각 때문인지, 자기 소설 모두가 '트라우마틱'해."
"내 인생에 특히 상처가 많았겠지. 그래서 문학을 하는지도 몰라."

창작집 속의 내 소설의 키 워드는 예술과 젠더이다. 예술적인 삶의 지향성을 보여도, 내 소설이 다 지선지미의 가치를 추구하는 게 아니다. 인간의 추악함이 곳곳에 깔려 있다. 선이 좋은 거지만, 절대적인 선이란 없다. 악 역시 반드시 다 나쁜 것은 아니다. 정말 나쁜 것은 악과 악이 연대해서 번성한다는 사실이리라. 이게 분명하고도 반듯한 사실이라고, 나는 본다. 악들이 서로 연대하면서 타인의 고통을 즐기는 게 원색적 인간의 욕동이요, 본색이다. 고대의 희생양 제의가 가장 원형적인 상징임을 드러낸다. 여기에서 비롯된 집단무의식의 심리적 메커니즘은 지금까지도 사람 사는 곳 도처에서 산견(散見)된다.

단편소설 「삶이 곧 눈멂이라는」은 진주 출신의 시인인 이형기를 모델로 한 작품이다. 그는 나의 대학원 시절의 은사라는 점에서, 자전적인 성격의 소설이라고 할 수 있다. 이 소설 역시 조직 사회에서의 희생양 메커니즘과 적잖이 관련이 된 것이라고 하겠다. 사람 사는 데 이 심리적 메커니즘은 어디라도, 언제라도 존재하게 마련이다. 악은 영원히 소멸되지 않는다. 악이 사라지지 않는 한, 권력이 있고, 희생양이 있다. 청소년 사회에서의 이른바 '왕따'니 '학폭'이니 하는 것도 이 원색적인 악의 씨에서 비롯된다. 내가 오랫동안 인생을, 여기저기 세상을 살아보니, 말 한마디 인내하지 못하고, 물 한 모금 양보하지 않는 사람들을 무수히 보아왔다. 내 인생 경험에 의하면, 이런 유의 사람들이 거의 대부분에 있어서 공익보다 사익을 탐하는 이들이었다. 나는 시집 『스무 편의 서정시와 한 편의 서사시』에 16편의 2행시를 싣기도 했는데 가장 필두(筆頭)에 놓이는 것이 「이무기와 악인」이다. 인용하자면, 다음과 같다.

이무기는 용이 되려고 용을 쓰고,
악인들은 악에 바치듯 악을 짓고.

내 소설에는 이런 은유, 저런 상징들이 예제 적잖이 드러나 있다. 혹은, 속속들이 숨겨져 있다. 이런 점에서, 내 소설은 인간 고통의 기록이다. 인간 고통의 은유적 내지 상징적 기록이다. 직설적으로 말하기보다 은유와 상징의 우회로를 만들어놓고 표현하는 게 문학이 아닌가? 그런데 우리나라 근대소설의 흐름에는 그 동안 대놓고 말하는 게 미덕이란 생각이 굳어진 측면도 없지 않다. 어쨌든 내 소설의 독자 반응이 처참할 정도의 바닥을 헤매고 있어도, 이른바 '심미적 기대의 지평'에 있어선 무엇보다도 본격적이요, 어느 것 못지 않게 품격적이다. 지평이란, 관점과 기준과 전망과 수준 등을 말하는 것인데, 이 대목에서의 지평은 수준이란 낱말이 가장 적확한 개념이다.

**송희복**

1990년 《조선일보》 신춘문예 평론 당선
진주교육대학교 국어교육과 명예교수
저서 『그리움이 마음을 흔들 때』 외 다수

2024 찾아가는 경남문협 세미나
- 진주 편

# 경남의 시

김명희 | 김무영 | 김미정 | 김민영
김민철 | 김병수 | 김새하 | 김성진
김우태 | 김정수 | 김판암 | 김홍선
김흥년 | 류재상 | 민영목 | 민창홍
박기원 | 박서현 | 박선해 | 박오철
박우담 | 박일춘 | 박태현 | 백숙자
서봉순 | 성선경 | 손국복 | 안창섭
안화수 | 양　곡 | 오미경 | 윤홍렬
이경연 | 이기성 | 이루시 | 이명호
이미순 | 이미화 | 이서린 | 이소정
이영자 | 이월춘 | 이점선 | 이진주
이창하 | 이현수 | 임창연 | 장정희
장효익 | 정삼희 | 정이경 | 조향옥
주강홍 | 주향숙 | 차영한 | 최인락
표성흠 | 하미애 | 하　영 | 허정란
허혜자 | 황숙자 | 김금조

시_ 김명희

# 진주 인사동 - 골동품거리

**김명희**

진주행 기차표를 끊어놓고
향기는 썩고 나무만 남은 화려한 봄날의 이력을 더듬어본다

꽃시절의 여인이 백자 달항아리를 들고 간다
꽃시절의 여인이 사자먹통을 들고 간다
꽃시절의 여인이 조각보를 들고 간다

조각보 건축을 세운
먹물로 마지막 글을 남긴
기억의 캄캄한 그믐밤에도 달을 보는

시간이 열려있는 골목

시래기 마르는 처마에 걸었던 호롱 버짐 앉은 돌확 손때 묻은 함
지박 오동나무 반닫이 불씨 꺼진 화로 배불뚝이 오지항아리

그곳에서 묵은 바람 냄새가 불어온다

시_ 김명희

**김명희**

1991년 《경남문학》 등단
시집 『향기로운 사하라』 『꽃의 타지마할』
창원문인협회장 역임, 경남문인협회 부회장

시_ 김무영

# 진주

김무영

티벳에서 태백으로
바람의 속삭임까지 안아 젖줄을 만들었나니
남강
생명의 잉태로다
온몸을 휘감아 돌아 돌아서
곳곳에 기운을 뿌려 이어진 강토
반듯하지 않음이 그 무엇이랴
돌풍을 삭여
새뒤벼리 그 기세며
중생도 기상이 돋아
짓밟는 자들에게 어명을 다한 논개며
대로 선비 정신 남강 더 물드노니
자손만대로 빛나리라
어디에도 찬란하게 타오를
아 진주여!

**김무영**

1982년《거제문학》태동과 함께 문단활동
시집『그림자 戀書』외

시_ 김미정

# 진주, 추억의 남강 함께

김미정(金美廷)

함박눈이 펑펑 내리는 겨울 아침
사범학교 사택에 사신 젊은 교사 내 아버지
막내딸 탯줄을 꽁꽁 싸서는 돌에 매어
깊은 남강 물에 내리셨다

그 아이 자라 여고 시절,
문예반 선생님 따라 참여한
진주 개천예술제 백일장 때
선배들의 꼬드김으로 오뎅을 사달라고 선생님을 졸라
웃음보 선사하며 철없이 해맑았다

그리고 어른 되어 차멀미하며 오간
수십여 년 수필문학 합평회 진주길
탯줄처럼 이어진 인연의 진주
논개 가락지를 낀 남강다리 위에 서면

원수의 왜장을 열 손 가락지에 가두고
강물에 투신한 거룩한 논개의 의암바위 다가오고
남강물 가르며 목숨을 던져 싸운 구국의 70만 대군
그를 기리는 남강 유등축제의 혼불

시_ 김미정

애국의 강물로 가슴을 가로지른다

남강변 모래사장에 나란히 앉아
우정을 도란거리던 푸르른 날 옛 친구
지금은 또 어디서 어떻게 사는지
아스라한 그리움들이 헤적이는 추억의 남강 함께
탯줄처럼 이어진 인연의 진주를 돌아본다

김미정

진주 출생
1987년《경남신문》수필당선, 1993년《문예사조》시 당선
시집《그대 앞에 풀잎처럼》외 다수
수필집『안개바람』외 다수

시_ 김민영

# 비상

김민영

비봉산 봉황은 어디로

진주성을 기웃거리는 석양
촉석루 허리를 유혹하고
불의와 외세에 깨진 저항이
역사의 씨앗으로 뿌려져
남강 깊숙이 스며든다

바쁘게 도시를 삼키는 보도블록
밤이 익어가는 정적이 겹겹이
나열되어 가면
바람도 잠시 쉬어가고
수풀 사이로 새들도 날개를 놓는다

별의 기억만 절절히 새긴 채
웜홀로 빠져드는 순간

1,300여 년 영욕의 시간을 삭이며
위대한 그들의 투쟁을 빌어
거기 잠시 서 있을 뿐

시_ 김민영

비거가 솟구치듯 날갯짓할 그날
맨발로 뛰쳐나올 그날이 여기

**김민영**

창원 출생
2016년 《한맥문학》 등단, 《시와 늪》 정회원
창원문협 회원, 경남문협 회원

# 8월의 경남 수목원에는

김민철

하늘 빛이 고운 날
메타세콰이어 잎에 내린
빛 고운 햇살 알갱이
바람결에 톡톡 구르면
나뭇잎은 간지럼에 살랑이고

무궁화 동산을 지나
배롱나무 붉은 꽃 아래
노랑 어리 연꽃이랑
보라빛 수련의 자태에 취한
까만 물잠자리 졸고 있다

미국 단풍나무 아래서
휴스톤에서 걸려온 아들 전화는
추억에 웃음을 더하고
식물원 옆으로 이어져 핀 수국은
수더분한 미소를 뿜는다

초록 잔디 위 톡톡 튀는
아이들의 거품 풍선 놀이는

시_ 김민철

시원한 분수와 어울려
한 폭의 수채화를 옮겨다 놓은 듯
더위에 산 못에 뛰어든
하얀 구름마저 마구 들떠 있다.

김민철

부산 출생
2009년 월간 《시사문단》 시 등단
시집 『꽃 노을 연가』 『동그라미 그 바깥의 파문』 『노란 숲 길』

# 진주에 가면

김병수

한양을 올라가랴
진주로 내려오랴
천리 길이 무색한 시절 잊고
예술을 꽃피운 명품 도시 되었다네

의암에서 금환을 깍지 낀 채 산화散華한
영혼을 밝히는 불멸의 의기 논개
남강도 그날 잊지 못해 뒤척이는 그 언덕에
절의의 넋은 죽림을 이루었네

애재라!
그대의 애인이 못될망정
내 가슴에 내리는 봄비 피눈물 되어
임 그리는 시를 읊어 내리고
꽃다운 향기 면면히 전해와
임진년 그날의 숨결을 울면서 더듬는다.

시_ 김병수

**김병수**

함안 출생
1992년 《문학세계》 등단
시집 『그리운 나날』 『당신의 사랑은 지금 어느 계절을 지나고 있습니까』 『베틀산 소묘』

시_ 김새하

# 남가람별빛길

김새하

대나무는 하늘을 쓰다듬어
별빛이 흐르는 길을 만든 뒤에
낮에는 손안에 곱게 두고
밤이면 손을 펴 길을 안내하도록
별을 달아놓는다

어둠 속에서도
춤추는 법을 아는 반딧불을
키우는 길이 되고 싶고

멈추지 않는 걸음이 만드는
머리카락 한 올만큼의 성장을
응원하는 길이 되고 싶고

강바람과 걷는 모두를 향해
행운을 안고 행복한 동행을
기원하는 길이 되고 싶고

그래서 '싶은' 마음이
우후죽순 자라는 곳

시_ 김새하

별빛이 죽순을 키우는
소리가 들리는 계절에
두런두런 잘도 자고 있다

돌아보는 눈길이 애틋한데도
꼴깍 침 넘기는 소리가
대나무를 흔드는데도
재잘거리는 소리가 시끄러울 텐데도

발자국이 토닥토닥
쉬어가라 말하는 소리에
쉼을 가지고 있다

시_ 김새하

**김새하**

마산 출생
2017년 《최치원신인문학상》 수상, 계간 《시작》 등단
시집 『도망칠 수 없다면』

시_ 김성진

# 청동기로 떠난 여행
-청동기 박물관에서

김성진

내 기억은 수몰되지 않았습니다
타임머신을 타고
시간을 거슬러 오릅니다

둥근 지붕아래
빛을 쏟으며 도착한 곳
삼천 년도 더 이전의 대평 마을입니다

태아를 닮은 옥 목걸이
사랑의 표식이었을까요
시간 여행을 안내합니다

비파형 동검이 시간을 지킵니다
이곳은 할아버지의 할아버지가 사는 곳
삼천 년 후 내가 태어날 곳입니다

옹기종기 움집들
마을을 이루고
돌로 만든 따비로 밭을 갈고 있습니다

붉은 간토기
고인돌 아래 잠들어
영혼을 하늘로 보내는 의식을 치릅니다

조상이여 하늘이여!
풍년을 기원합니다

김성진

2016년 《시와사상》 등단, 2015년 《에세이문학》 등단
시집 『억울한 봄』『에스프레소』
수필집 『그는 이매탈을 닮았다』
《시와편견》 편집장, 진주문인협회 회장
경남문인협회 부회장

시_ 김우태

# 진주남강 물수제비

**김우태**

물수제비를 뜨자.
물수제비를 뜨자.

사는 일 막막하고 힘에 겨울 때
강으로 바다로 나가 물수제비를 뜨자.
닳고 그을린 우리네 가슴팍
돌멩이 하나씩 뽑아 들고
힘껏 던져보자 건너가 보자.
유등천리 강낭콩꽃 논개 마음처럼
가라앉을 듯 가라앉을 듯
물 위를 뜀박질하는

물수제비를 뜨자.
물수제비를 뜨자.

저기 보아, 저기 보아
징검다리가 없어도 잘도 건너는
닳아서 환한 우리네 버선발
닳아서 환한 우리네 날랜 사랑.
제비 날려줄 적 흥부 마음처럼

시_ 김우태

율도국 건너갈 적 길동이 마음처럼
사는 일 억울하고 마음 둘 데 없을 때
강으로 바다로 나가

물수제비를 뜨자.
물수제비를 뜨자.

**김우태**

남해 출생
1989년 《서울신문》 당선
시집 『비 갠 아침』 등
계간 《시와생명》 《경남문학》 편집주간 역임

시_ 김정수

# 촉석루의 물빛

김정수

그날의 강은 얼마나 무심히 흘렀나.

지켜왔던 정절을 풀어 놓을 때
소담하게 피어난 꽃
다짐으로 옥가락지를 끼고 촉석루에 올라
얼마나 세차게 남강의 물살을 움켜쥐었나.

육신의 단단한 자물쇠를 수런대며
한 줄의 문구로 새겨진 숭고한 울음
누천년에 획 하나로 회자된 꽃띠의 청춘이여

잊혀 지지 않는 충절의 물음에
수심으로 가늠해보아도
그날이 아닌데

푸른 물빛 속으로
발 담그고 싶은 가슴이여

시_ 김정수

**김정수**

창원 출생
2016년 《영남문학》 등단
시집 『안개를 헤치고』

# 달 향

김판암

촉석루 처마에 핀
가느다란 쓰린 호흡
가락지 둥근 눈망울은
그날의 낙화 되어

곧게 핀 임 향
남강에 흐르는 윤슬로
한민족 덮는 달빛 되어
산천에 향기 날린다

**김판암**

통영 출생
월간《문학세계》(2014) 수필,《지필문학》(2015) 시 등단
저서《삶! 그곳에서 숨 쉬다》《고향은 쉼 없이 말한다》

# 단목골*

김홍선

 1
단목마을 물버들나무 수백년 아름드리
천황산의 정기, 넓은 들 文富(문부) 산실
하륜의 조선 개국 초석 모란꽃으로 피었네

자본의 세계에 우뚝 세운 거목의 마을
지수면 동향 삼성그룹 이병철 탄생지
대곡면 북향 LG 그룹 구본무 탄생지

 2
시대를 앞선 신문고 백성의 소리 듣고져
동서양 남북극 앞지르는 한반도 운하 안목
이 마을 인재는 풍요로운 곳간 가꾸었네

 *진주시 대곡면 진양 하씨 580여년간 유서 깊은 터전

김홍선

고성 출생
《한국작가》시 등단 2020년
시집 『다시, 아다지오』

시_ 김홍년

# 우연과 필연

김홍년

두어 해 겨우 살았지만
태어난 곳이 고향이면
진주고 교사인 부친이
학교 관사에 사셨기에
내 고향은 비봉산 기슭

오래 산 곳이 고향이면
타향살이 십여 년 빼면
조상 대대로 살아왔고
내가 아직도 못 벗어난
마산이 내 고향일 텐데

굳이 맞춘 짝도 아닌데
진주에서 초중고 다닌
여자와 중매 결혼한 게
더 헷갈리게 하네 나를
꼭 우연 아닌 필연 같아

시_ 김홍년

**김홍년**

진주 출생
1998년《순수문학》시, 1998년《문예사조》평론 등단
전 경남대 교수, 문학박사

시_ 류재상

# 위대한 진주의 역사
# - 논개

**류재상**

논개(論介)! 당신은, 이 나라 여성들의 성스러운
스승이요! 세계여성의, 최고 자랑이다!
물올라, 한창 팽팽한 20살!
그 유리알 같이
눈부시게 반짝이던, 당신의 아름다움이!
이 나라
역사를,
가장 짜릿하게
흥분시켰다!
화산(火山)처럼 솟구쳐 오르는
왜장(倭將)의, 그 높은 콧대를 단번에 꺾어버린!
의암(義菴)에서의, 가장 거룩한
당신의
분노(忿怒)는!
도도히
흐르는
저 푸른 남강의, 영원한 향기(香氣)다!
임란(壬亂)의 의병장,
당신의 남편! 최경회(崔慶會) 장군의 그

마지막, 장렬한 최후(最後)보다! 이 나라 하늘을
더 황홀한, 역사의

꽃잎으로 만들었던! 당신의, 그 위대한 분노(憤怒)!!

**류재상**

함양 출생
1977년, 미당 추천 등단
저서 63권

시_ 민영목

# 흐르지 않는 강

**민영목**

아픈 동그라미였다.
안개로 덧칠된 파란 도화지에
망설임을 비우고 허공에 발을 옮겼다

푸른 깃털을 뽑아 동그라미를 그리며
침전된 증오가 퍼져가는 분노
강은 상처를 삼키고 아무 말도 하지 않았다

비봉산은 열 개의 희열이 흐르는 물결 위에
오동나무 다리를 놓고
대나무 열매가 열렸는지 넌지시 바라보면
대밭으로 날아간 전설 속 봉황이 그리워
돌아오라고 구름처럼 강가에 널어선 유등

추억을 맡기고 세월은 흘러가지만
강물은 진주의 얼이 되어 산처럼 바라본다.
충절의 정령이 깃든 예향의 강

시_ 민영목

**민영목**

산청 출생
2019년 《문학시선》 등단

시_ 민창홍

# 진양호에서

**민창홍**

카페에 앉아
피로가 녹아서 노을을 마신다
밭에서 돌아와 먼지 터는 수건 속
어머니의 붉은 얼굴 번지면
고기들은 뛰고 또 뛴다
고향집 마당도 덩달아 뛰고
가물거리는 기억 안아주지 못해도
창밖 물속의 뜨거운 유년
진하고 푸르게 출렁인다
잔 속에 녹고 녹아서
만인의 연인이 된 그대가
호수에 잠긴 산에 기대어
한 폭의 산수화를 그리고 있다
온 누리가 감수했다던 묘약 같은 사랑
지척의 마음은 너무 멀리 와 있다
어머니가 아버지를 만나기 전부터
흘러가던 물이다

**민창홍**

공주 출생
1998년《시의나라》2012년《문학청춘》신인상 등단
시집《닭과 코스모스》《도도새를 생각하는 밤》외 다수
경남문협 우수작품집상, 창원문화상 등
마산문인협회장 역임, 경남문인협회장

시_ 박기원

# 남강대숲

박기원

해선 안 되는 것보다
하고 싶은 게 훨씬 많았던 시절은
지독히 가난했던 날보다
살찌고 배부른 것도 아닌 매를 버는 날이
훨씬 많았던 시절이었다

세월 지난 것보다
세상 변한 게 훨씬 많은 시절에 당도해 보니
하고 싶은 것보다
해선 안 되는 게 훨씬 많은 시절이 되고 말았다

돌아가신 아버지 앞에라도 불려간 듯
회초리 부려놓은 대숲에
남세스런 시절타령 늘어놓는 나를 세워놓는다

대나무 한 마디 한 마디가
인간사 열 마디의 꾸짖음이다

낭창낭창 한껏 팔을 뒤로 젖힌 대나무가
나를 힘껏 내리치고 있다

시_ 박기원

달빛이 훔쳐보는 내 육신에
매 자국이 또렷하게 부르트고 있다

**박기원**

2014년 《경남문학》 신인상 수상
시집 『마리오네트가 사는 102동』 『마추픽추에서 온 엽서』

시_ 박서현

# 월아산 휴양림

**박서현**

숨겨 둔 여행카드 한 장 꺼냈다

판다 푸바오가 먹다 남긴 대나무 숲길
그 길 내려가면
발끝으로 물 튕기던 수국의 무리도 만나고
하얗게 질식한 호흡들과
붉게 달아오른 체온들이 물속으로 뛰어든다

요정처럼 떠 있는 노랑어리연
계곡의 별꽃들
헝클어진 하늘 메모장에
허리를 굽히는 비밀스러운 산책 길에서

눈썹달 세수하는 소리 뚝딱 쓱싹 다듬이 소리
색색으로 고민을 풀어헤친 사람들의 풍경

월아산 휴양림이 다독이는 손길.

시_ 박서현

**박서현**

밀양출생
2005년 《한맥문학》 시 등단
시집 『봄일 때는 봄을 몰랐다』
수필집 『오늘 달릴까 걸을까』 외 다수

시_ 박선해

# 남강 유정

박선해

한때는 앳띤 꽃잎 얼굴 지었을
한번은 손깍지 행복의 소망 이룰

청빛 물결 일렁이는 남강의 한낮,
외세의 점령이 가른 시퍼렇던 대지
암담한 민족애 부르며 함성 죽어갔던 곳
가느린 버들잎은 물의 결 따라 스미는데
투쟁의 진액은
혹여 논개의 울음소리로 흐르는가

유유한 강 언덕배기에 서서
심장은 장구한 역사를 맞이하고
남겨진 사명은 숭고의 정으로 면면하다

그 생명 그 희생에 안도의 바람 일어라

**박선해**

의령 출생
시조집 『달빛 한 모금』
시집 『윤회의 풍경』

# 농투산이 일지

박오철

걸터앉은 자귀나무
연분홍 화장하던 날
우산 장수 싱글벙글
뒤영벌 윙윙거리는 푸새사이
얼쯩이 고난의 행군 시작되고

희읍스럼한 날
노굿 이는 남새밭
쥐악상추는 어느새 갬상추
하지는 수미감자　아가고

동구나무 가지사이로
볕뉘 들더니
잔 비우자 기다렸다는 듯
매지구름 몰려온다

임진란으로 진주목
터 잡은지 432년 백곡 10세손
오늘도 삶의 무게 짊어지고

시_ 박오철

가탈가탈하게 걷고 있는
농투산이

**박오철**

진주 출생
2006년 《문학세계》 등단

# 진주 남강 50번지

**박우담**

나는 남강에서 구름과
은하수를 생각하네
가끔
사라진 친구들과
새로 태어나는 별을
그리기도 했지
남강 빨래터는 빗소리에
수채화처럼 팔랑거렸네
빨랫줄을 붙들고 있던
내가
비에 젖은 시화가 되었지
호랑이 장가가는 날엔
유독 배가 고팠네
양잿물이 끓을수록
불어 터진 국밥
내 호기심은 걸쭉했네
지금도
댓잎에 맺혀 있는
강남동 50번지에
시가 돋아나고 있네

시_ 박우담

**박우담**

2004년 격월간《시사사》등단
시집『구름트렁크』『시간의 노숙자』『설탕의 아이들』
　　『계절의 문양』『초원의 별』등
이형기시인기념사업회 회장

# 구국의 논개 정신

**박일춘**

왜구에 고통 받는
성민들 원성에
파르라니 굳은 입술
지그시,
열 손가락 반지 끼고
왜장 앞에 예쁜 얼굴
술 먹이고 춤을 추며
의암바위 데려가
수장시킨 왜놈 장수
꽃다운 나이로
남강물에 이슬진
고귀한 삶
가냘픈 여인이
성민들 한을 풀은
조선 여인 높은 기개
세월 속에 빛나는
촉석루 앉은 영정
영혼도 못 가도록
다릿발에 끼운 반지
푸르른 남강물에
논개 정신 시퍼렇네

시_ 박일춘

**박일춘**

밀양 출생
2008년《문학세계》등단
시집『바람에 눕지 않는 억새』

# 논개

**박태현**

덩굴강낭콩 줄기가
탱자나무 가시 그
사이사이로 오른다

뾰족뾰족 침략의 가시
옥가락지처럼 감고
목을 향해 오른다

서러운 손의
보드라움에 덮여
탱자나무 꼬꾸라진다

바람에
푸른 치마가
남강처럼
출렁인다

**박태현**

밀양 출생
2011년 《서정과현실》 등단
시집 『부메랑』 『둥근 집』 등

시_ 백숙자

# 나비 첩첩
## -진주 기생 산홍

**백숙자**

아직
흉터에 꽂힌 칼끝이 떨고 있는데

찢어진 시퍼런 달빛이
검버섯 핀 묵시록을 읽는다

자벌레 한 마리 청승스럽게 울고

모국어로 현을 켜는 이슬아
은빛 줄기로 전사의 목을 자르던 눈물 얼어붙던 그 밤
바람은 파장이 되어 굽이쳤다


습관 때문이 아니라
비린 생 때문이라며

을사오적을 꾸짖은 산 홍
콸콸한 생목에서 흰 피 흐르는데
군무(群舞) 치던 왜가리 백로 다 숨어 버리고
유서는 한 점 핏물로 음각되었지

벅수 같은 바람이 싸대기 한번. 후려쳐주지 못해
미안 미안해서 뒷걸음질한다

보고 있는지
얼개미로 걸러낸 빛의 촉수를
꿈틀거리며 경배하는 자벌레 눈빛을

이제야
심장에 꽂힌 은장도를 뽑는다

**백숙자**

2005년 《신문예》 등단
시집 『네게 닿을 때 까지 나는 운다』
1992년 개천문학 우수상, 2006년 황진이 문학우수상

# 빛을 옮기는 사람들
-진주 논개 시장

서봉순

어둠을 밟고 지나가는 길엔 빛들이 자라난다

묻지 않아도 될 일기예보
노점상 할머니들 무릎 위를 핥고 휘어진 햇살
물뱀처럼 꿈틀거린 손등 혈관을 따라가면
눅눅한 바지 속 지폐들 환하게 웃는다

먼 길 돌아 새벽 장을 여는 노점상들
따뜻한 정 한술에 접혔던 허리 공친 하루를 편다
어깨를 들썩일 때마다 빛도 굴곡을 남기며
사월의 봄은 입을 다물지 못한 채
지갑이 자꾸만 열린다

서로를 밟고 일어선 국자가리비
탈출구를 찾아 숨죽여 기다렸던 곳

삼십여 년 넘게 어패류 장사를 한 그녀
밤마다 양쪽 겨드랑 수많은 가리비가 자라난다
얼룩진 바닥의 표정들 서로 발목을 묶어둔다

온몸으로 살아간 사람들과의 시간을 건디고 나서야
어둠을 이고 일어서는 버릇이 생겼다며
구석에 앉아 어색한 안부를 묻는 이에게 쏟아내는 빛이다

낡고 주름진 풍경 그림자를 밟아야 힘이 솟는다

**서봉순**

함양 출생
2018년 《시인정신》 신인문학상 수상
2017년 개천문학 디카시 최우수

# 다시 대숲

성선경

대숲에는
실바람같이 일렁이는 마음이 있어
귀엣말같이 속살거리는 마음이 있어
도마소리 밥 냄새 끊고
속리(俗離)를 한 듯
한 세상 어쩌면 선계(仙界)에 들어
영영 구름같이 절로절로 흘러서
자취 없이 흩어질 듯
진주 남강 변의 작은 대숲
지척간이라도 여기는 별유천지
이 작은 대숲에도 일렁이는 마음이 있어
귀엣말같이 속살거리는 마음이 있어
고함소리 경적소리 다 잊고
영영 속리(俗離)한 듯
아니 이대로 한 세상 선계에 들어
자취도 없이 영영 흩어질 듯
하마 속세(俗世)는 다 잊은 듯
몇 십 리 대숲이 아니래도
대숲에 들면 대숲에만 들면
지척도 아주 천리만리인 듯

진주 남강처럼 절로절로 흘러서
관향(貫鄕)도 잊고 나이도 잊고
아니 영영 속리(俗離)한 듯.

**성선경**

창녕 출생
1988년 《한국일보》 시부문 당선
시집 『민화』 『햇빛거울장난』 외 다수

시_ 손국복

# 비봉루

**손국복**

기억을 더듬어
돌길 오른다
비봉산 비봉루
사십 해 지난 가을의 누각엔
그 모양 빛깔 그대로
설대 푸르고
배롱나무 늙은 가지 사이
계절 깊은데
묵향 가득 꿋꿋한
은초 선생 붓자루가
석양 기우는 대청마루
아직도 걸려 있어
한 시절 추사를 꿈꾸던
장년의 나그네가
눈 지그시 감는
만추.

**손국복**

진주 출생
《문학공간》 추천
시집 『그리운 우상』『산에 묻혀』『강에 누워』『보이저 통신』

# 신의 저울은 한쪽으로 기운다

안창섭

갑오개혁은 "고리백정 내일 모래", "갖바치 피장이 내일 모래", 차일 피일 일천 구백이십삼 년에 태어났다.

 소 울음소리가 골짝마다 안개처럼 번져갔다. 질경이를 밟고 가는 새벽이슬이 축축하게 비틀거렸다. 장맛비로 피천은 넘쳐나고 고리버들은 물살에 허리춤을 추었다.

 소를 잡는 징검다리 건너편에서 빨래하는 아낙은 무릎이 젖어있다. 패랭이를 쓰고 가는 남정네들 가랑이 사이로 수평을 잡는 원낭 소리가 까마득했다.

 평형을 구하는 방식은 어느 한쪽도 기울어지지 않은 형편을 잡고 자발적으로 일어났다. 양팔을 벌려 균형을 맞추는 물지게 같은 평형의, 그림자가 저울추처럼 흔들거렸다.

 숫기가 없는 사람들 소가죽을 발라먹고도, 거죽에 핏기가 없다.

안창섭

2015년 『월간문학』 시조 등단
2019년 계간 『창작21』 시 등단.
시집 『내일처럼 비가 내리면』
시조집 『유모차를 타고 거는 아이나비』

시_ 안화수

# 남강, 진주

안화수

강물은 과거를 드러내지 않는다
어디를 지나왔는지 말하지 않고
멍든 물결은 물거품만 터트린다

떼 지은 강물은 막을 수가 없다
물살이 되고 불이 되고
화약이 되고 폭탄이 된다

진주성이 보이면 침묵한다
거친 숨결마저 멈춘 채
그날의 울분을 삼킨다

촉석루 앞에서는 몸을 데운다
실미지근한 물로 시민을 보듬고
달아오르는 마음 녹인다

의암義巖에 부딪는 물살
잠깐 흐름을 늦추고
바짝 엎드리며 고개 숙인다

남강 다리 상판에 매달린 충절忠節
논개의 가락지를 비춘다
진주의 푸른 역사를 밝힌다

**안화수**

함안 출생
1998년 월간 『문학세계』 등단
시집 『까치밥』『명품 악보』『늙은 나무에 묻다』 외

시_양곡

# 진주에서

**양 곡**

그해 여름에는 남강에서 멱을 감기도 했다
무언가가 늘 그리웠고 배가 고팠고 가난했다
공부를 해야 한다는 생각에 자주 잠을 설치곤 했다

가을이 오자 남강은 축제로 출렁거렸다
그리움은 남강으로 나가 잠시 유등으로 떠 있거나
며칠간이라도 축제장의 애드벌룬으로 허공에 떠 있기도 했다

촉석루와 진주성, 진양호를 찾기도 했다 털모자나 장갑을 낀 채
비봉산을 자주 올랐다 눈이 오지 않는 남쪽의 분지 기후를
아쉬워하는 날에는 아침운동을 늦게까지 했다

봄날은 망진산 봉수대 근처의 개나리 울타리로 부터 왔다
책을 읽다가 잠깐 조는 사이 봄날은 눈앞까지 찾아와
남강 가의 대숲을 더욱 푸르게 일렁이고 있었다

**양 곡**

산청 출생
1984년 《개천문학》 신인상, 2002년 《문예운동》 등단
시집 『덕천강』 『혁명은 오지 않는다』 『길을 가다가 휴대전화를 받다』 『어떤 인연』

# 겨울, 남강 산책기

오미경

1.
청둥오리 고개를 저어 강을 거슬러 오른다는 사실 아셨어요?
물집 잡힌 목덜미에 엇박자가 생겨
밀려 내려가는 오리를 보면서
사람도 일상의 리듬을 지켜야 퇴화되지 않을 거라는 생각
내려갈 때는 고개를 젓지 않아도 되죠
진화의 역방향으로 흐르는 물살은 빠르거든요


2.
풀은 저 혼자 눕지 않는다는 사실은 아세요?
발바닥 너비로 온전히 한 사람을 끌어안아야 눕지요
누군가의 일생이 빠져나가면 다시
가뿐히 일어서지요


3.
수양버들 겨울에 무채색 잠을 자죠
무채색 잠 속에는 새가 없어요
새들은 녹색 잠을 자나 봐요
반대편 가시나무 숲속에서 뒤척이네요

시_ 오미경

4.
어두웠던 마음 강 위로 내려놓은 망진산
한쪽 어깨부터 환해지고
몸의 절반을 내어준 남강은 갈맷빛 고요를 품는데
오리는 가끔 물의 살을 가르며 참견하네요

오미경

진주 출생
2019년 《시인정신》 등단
시집 『주름 속에 접힌 시간』

# 진주 주약동 어느 산등성

윤홍렬

진주(晋州)는
아픈 손가락이다

상봉서동·인사동 골목에서 모은 나태한 꿈들과
칠암동 선술집을 전전하면서 뿌린 방황들만이 아니라

'주약동 약골 어느 산등성'이랄 수밖에 없는 몽매함이
반세기를 품고 온 아픈 손가락이다

숱한 세월의 흐름을 타고 이어온 매운 삶의 칼날로도
잘라낼 수 없어 안고 있는 아픈 손가락이다

석류공원 아래 새벼리를 지나거나
남강교를 건너 뒤벼리를 지나거나
초전동에서 말티고개를 넘어설 때
아려오는 아픈 손가락이다

주약동 약골 어느 산등성에 묻혀
벽 없이 자유로운 하늘 우러러 누웠을 스물다섯 누나는

시_ 윤홍렬

내 아픈 손가락이여!
진주(晉州)여!

**윤홍렬**

진주 출생
2011년《서울문학》신인상 등단
시집《흐르는 길》
고성문협 회장 역임

# 진주남강

**이경연**

뿌리는 낙동강에서 태어났다

초록비단 한 필 풀어낸 굽이길
쉼 없이 달리는 굵은 힘줄이다

세파에 꿈틀대며
예술의 혼을 일깨우고
왜장을 껴안고 몸을 던진
논개를 자랑삼아 왔다

속 아픔은 깊었지만
바람은 엎드리고
갈대는 고개 숙이며
천둥오리들 한가로워 유유하다
우리의 삶도 이러하기를

해마다
유등을 켜고 고유의 유산을 지키는
푸르르 타는 강물이다
푸르르 익는 남강이다

**이경연**

진해 출생
2002년《문예한국》신인상

# 晉州를 珍珠같이

이기성

백두의 정맥이 흘러
지리산 만들고
천왕봉 솟아
진주를 바라보니
비봉산 봉황이 날아
진주를 품에 안는다

망진산 봉화는
나라를 지켜냈고
월아산 일출이 진주를 밝혔도다.
남강의 푸른 물
논개의 충혼을 담아 흐르고

진주농민항쟁이
동학혁명의 씨앗이 되었고
남명의 경의 사상이
진주의 형평운동으로 살아 움직인다.

오늘도
뒤벼리와 새벼리

시_ 이기성

남강을 마주보며
진주의 이야기를
써내려가고 있다.

**이기성**

2024년 《미네르바》 등단
시집 『엘리베이터』

# 남강

이루시

시월 바람이 대숲에서 일면

천개의 혼불이 피어나네

바람이 대를 잡은 춤사위에

물빛 피사체가 흔들리네

화려한 영혼의 반영

**이루시**

진주 출생
《시와편견》신인문학상
시집 『신음없는 영혼으로』『살아있는 무덤의 이름은 그리움이었다』 이형기시인기념사업회 사무국장

시_ 이명호

# 진주성에서

**이명호**

소리 없이 가을이 물드는
이곳에 와서
단풍보다 진한 핏빛으로 물들이던
강물을 보았다
용트림하며 통곡하던 강물이
낙동강으로 흘러와서야 뒤돌아보았다
뼈아픈 역사
뼛속깊이 새긴 역사
산천초목이 울었다

**이명호**

함안 출생
1992년 《문학세계》 등단
시집 『나무의 소리』『방목장날』『말이산의 봄』 외

# 남강에 서면

이미순

애끓는 가슴앓이
지그시 깨문 입술
분노는
혼 불을 지펴 민족 앞길 밝히고

하얀 한숨 솟구쳐 사라지는
남강 물살의 뒤척임
논개의 한 맺힌 사연
진주성은 아는 것이리라

억겁의 세월을 뒤척이며
가슴 밑바닥 가라앉은 앙금
꺼억꺼억 울며 토해 내고
끊어질 듯 이어지는 붉은 심장

왜장을 껴안고 남강에 몸을 던진
마지막 목숨 하나
구국의 원을 빌며
포효하듯 울부짖는 논개의 울음이 들린다

시_ 이미순

### 이미순

부산 출생
2005년 《시사문단》 등단
시집 《꿈을 파는 여자》 《바람이려니》 《첫정》 《바람의 음색》

# 노란 자전거

**이미화**

자전거 공작소는 가깝고 놀라워요
망가진 속을 새 부속으로 갈아 끼우고 왔습니다
고무 타이어, 안장, 페달

새 것이 꼭 정답은 아니겠지만
헌 자전거가 새 자전거가 됐습니다

나는 사월 깊숙이 달립니다

화려한 옷 속에 숨긴 망가진 마음은 새로 바꾸는 게 좋겠죠
사람들은
팔을 앞으로 뻗기도 하고 다리를 분주하게 놀립니다

헌 마음도 새 마음이 되긴 할까요?

하얀 털을 가진 개가
주인 보고 흐뭇해합니다

푸른 잔디 위를 구르는 파크골프 공이
크고 둥근 건

시_ 이미화

다 이유가 있는 겁니다

벚나무도 마찬가집니다
얼마 전부터 분홍 꽃들이 마른 가지를 어루만지더니
금세 연두의 새 부속들로 찬란합니다

하늘공작소에는 또 얼마나 많은 부속들이 있을까
파란 하늘을 올려다봅니다

아이쿠, 마주 오는 사람과 부딪칠 뻔,

이미화

삼천포 출생
2010년 《경남신문》 신춘문예 등단
시집 『치통의 아침』 『그림자를 옮기는 시간』

# 붉은 혀를 새기다

이서린

저녁 해를 보여주겠노라고
물에 잠긴 노을을 보여주겠노라고
당신이 나를 불렀던 그때는
서럽도록 흐드러진 꽃 빛에 아득하여
호수만 뚫어지게 보았습니다
꽃 몸살을 앓던 물결도
실은 속이 고요하기만 하진 않았겠지만
못다 한 말은 제 안에서만 연신 일렁였습니다
그만하자, 당신이 고개를 돌렸을 때는
진양호 겹벚꽃은 이미 지고 없었습니다
끝내 전하지 못한 말을 삼킨 그 호숫가에서
이젠 아무렇지 않은 척 붉은 혀를 품고
소원을 이룬다는 일 년 계단 올라갑니다
당신의 귓가에 닿지 못한
아직 태어나지 못한 말을 발끝에 새기며

**이서린**

마산 출생
1995년 경남신문 《신춘문예》 시 당선
시집 『저녁의 내부』 『그때 나는 버스 정류장에 서 있었다』

시_ 이소정

# 영혼의 평거(平居)
## -진주청동기문화박물관

**이소정**

이 세상 어디에 평안이 거하나
마음은 눕지 못해도
육체를 영원히 쉬어보려
죽음을 장식한다

영혼은 새에 실어서
피안의 영지로 날리고
남은 육체는 썩혀서
대지로 보낸다

돌을 갈아서 화살촉을 만들고
돌칼로 주검을 분해할 때
짐승의 기억은 바람 속에 흩어진다

별도 모르는 우주의 길을
땅에 사는 사람들이 그리고 있다

이 땅에는 없는 우주의 평거

시_ 이소정

**이소정**

창녕 출생
2015년 《한비문학》 등단
시집 『깎다』

시_ 이영자

# 진주성에서

**이영자**

어서 나와 보라고
덜컹덜컹 봄바람이 문짝을 흔드는데
누구랑 같이 갈까 생각생각 하다가
무뚝뚝 사촌오빠를 불러냈다
우리 진주성에서 만나자
남강변을 걷다가 성안에 들어설 때까지
나와 봤자 볼 것 있나 사람 구경이지
오빠는 이런 표정인데
아는지 모르는지 논개사당 앞에 오죽이 꽃을 피웠다
줄을 서서 구경하는 사람들
서울에서 왔네 대전에서 왔네
방송 보고 왔다고 떠들썩한데
오빠만 잠자코 있다 수명 다해간 것을 호들갑이라고
짧게 말하는 눈앞에
오죽꽃 한 꼬투리 밀이삭처럼 떨어진다
우리 기념으로 반씩 가질래?-
아이다 고마 니 다 해라-
오빠는 변함없는 무뚝뚝이

시_ 이영자

**이영자**

함안 출생
1989년 시집 《초승달 연가》로 등단
시집 《개망초꽃도 시가 될 줄은》 《그 여자네 집》
   《미리 달다》 외

# 형평사 진주

이월춘

진주비빔밥을 먹었네
박노정 선생의 형형(炯炯)한 눈빛과
남성당한약방 김장하 선생의 말씀이
성성(聖性)한 명신고등학교 부근에서

문청 시절의 허수경이 술잔을 채우더니
장년의 김지율은 아직도 종종걸음
박우담의 너털웃음이 하늘을 덮는데
그게 진주의 마음이지 싶네

파성, 동기, 이형기뿐이겠나
강희근, 김이듬, 유홍준뿐이겠나
어른이 계시는 곳 진주에서
감히 진주비빔밥을 먹었네

**이월춘**

창원 출생
1986년 무크《지평》과 시집 『칠판지우개를 들고』 등단
시집 『기억은 볼 수 없어서 슬프다』 외 시선집 『물굽이에 차를 세우고』, 산문집 『모산만필』 1,2,  현 경남문학관 관장

시_ 이점선

# 진주 남강 또 남강

**이점선**

63세의 강물이 왜가리 한 마리 세워놓고 기다린다
성큼성큼 걷다가 목을 주욱 빼면서 기다린다
다가가면 가만 있다가 내가 가만 있으면
날개를 펼치며 사라진다
인생에는 늘 가까이 다가가면 멀어지는
소중한 존재들이 많이 있다
20세의 강물에선 광목을 삶아 빨던 너럭바위로
찰방찰방 물을 퍼 올리며
고단한 삶을 거들어 주기도 했다
"재첩국사이소"
"두부왔심미더" 외치는 소리가
따뜻하게 데우면 그 때 낮은 지붕의 골목에서는
구김살을 조금 지운 얼굴로 문을 열던 사람들
그 풍경이 영화 속인지 기억인지 가물가물하다고
물 속을 들여다보며 걷는다
19세의 논개는 검은 강물로 뛰어들었고
19세의 나는 강물을 배웠다
논개와 어린 소녀들이 흰 천을 널며 반짝인다
어제 놀던 수달은 보이지 않고
팔뚝만한 물고기가 자맥질을 하면

시_ 이점선

강물의 힘줄은 세월을 다 낚아버릴 시위를 당기느라
굵게 꿈틀댄다
녹음으로 짙어진 촉석루가 발을 담근 강물에
유람선 한 척 낮고 은근하게 강의 이야기에 귀를 귀울이는 시간
해바라기 나온 남생이 모자(母子)가 자그마한 바위에 붙어있다

**이점선**

사천출생
2004년 《시와세계》 등단
시집 『안개기법』

# 진주성

**이진주**

버스는
울컥울컥 행락객을 쏟아낸다
그들은
입속의 단어들을 요란스레 뱉어내어
해석하기 어려운 방언을 만든다

행렬을 바라보는 성벽은
층층 쌓인 이끼의 내막을 품은 채
삐걱거리는 어깨의 통증을 다독이며 섰다

지난날
돌화살 윙윙거리고
쿵쾅거리며 휘돌아 날뛰던 왜적의 난무에
철렁거리며 흐르던 강물,
나뭇가지에서 졸던 새들과
성곽의 민초들, 놀란 가슴을 쓸어내렸다

아른거리는 기억의 표지판 위에
얼기설기 구겨진 상흔을 마름질하는 촉석루

시_ 이진주

백성을 부여잡던 강물은
누각에서 떨어진 의기의 가락지를 어루만지며
흐르고 흘러 도시를 지킨다

성벽은
행락객의 알 수 없는 언어를
해독하는 중이다

이진주

의령출생
2021년 계간《시와편견》등단
2018년《경남문학》신인상
시집『몰래 들여다보며 꼬집고 싶다』

# 진주성에서

**이창하**

진주성에 비가 내리고 있다
계사년의 바람처럼 장엄한 소리를 내면서 성벽으로 남강 위로
화살이 꽂히고 있다
저 빗소리의 근원이 계사년의 그 화살 소리라면
묵직했던 함성이 떨어지고 있는 저 빗소리의 먼 조상이 화살이라면
저 비의 전생은 계사년에 쏟아졌던 그 화살일지도 모르겠다

저 소리가 하나의 역사가 되어 한 방울의 비가
떨어질 때마다 한 개의 흔적으로 환생하는 것이라면
저 성벽 사이사이나
저 성벽 옆으로 흐르고 있는 남강 물결 위에는 그동안
얼마 많은 흔적들이 박혔다가 흘러가기를 반복했을까

모든 함성의 근원이
저 성벽에 부딪혀 떨어지는 빗물이라면
그 빗물이 푸른 강물이 되어 흐르는 것이라면
그때 뿌려졌던 수많은 역사가 저렇게 푸른색으로 진화한 것이라면
이렇듯
내 온몸의 구석구석에서 피의 냄새가 나고
묵묵히 서 있는 저 성과 시퍼렇게 흐르는 남강물이

시_ 이창하

내 몸 깊은 곳에 잠들어 있던 온갖 감각기관을 깨우는 의식이라면
나의 전생도 저 성벽에 박혀 있는 이름 없는 역사의 흔적이었던 것
일까

그동안 내리던 비는 잠시 소강상태가 되었고
함성의 소리가 미미해진 뜻은
성벽에 뿌려진 어느 먼 조상의 흔적들을 진혼하고 있기 때문일까,

**이창하**

2010년 《현대시》 시 발표, 2021년 《시와사상》 평론 당선
시집 『감사하고 싶은 날』 외 2권
경남도민신문 《시로 여는 세상》 연재
유등문학상 외

# 이별을 대하는 방식

이현수

덜컥 빗소리에 벚꽃을 보내고
까닭모를 허무를 만났다
봄이 남강으로 떠내려갔다는 부고를 받고
알 수 없는 번뇌가 찾아 들었다

늦은 밤, 논개 바위를 지나 촉석루에 올라
불빛에 흔들리는 윤슬을 자정까지 바라보며
짧은 유언장 하나 미리 써놓으면
나 초연해질 수 있을까?

이현수

고성 출생
2012년 《창조문학신문》 시조부문 당선
시집 『한 걸음 뒤에 서서』 『떠나가는 모든 것은 추억이다』
『막걸리집 마당에 겨울비가 내린다』
일간 뉴스경남 편집국장

시_ 임창연

# 영원의 극지(極地)
## -이성자 진주시립미술관

**임창연**

비행기에서 내려다본 빙산의 일각
북극의 일부를 읽으며
영혼이 가 닿을 극지를 생각한다

무지개 빛깔만 본 사람은
밤하늘 신비로운 색감으로 피어난
오로라 광휘를
뇌새김의 창고에 간직한 사람의 마음을 읽지 못한다

추상의 형체로 캔버스에 새긴 수많은
선과 원이 덮은 물감의 색소들
자작나무 한 가지의 존재 무게는
넘어서지 못하고 있었다

어머니의 자궁을 지나
별이 보이는 지구에서
우주를 그리던 화가도
어머니의 초유로 세상에 살아남았다

그녀의 영혼이 먼저 가 닿은 극지
캔버스 속에 숨겨 놓은 암호들을 풀어
지도를 그려본다

**임창연**

부산 출생
1998 《매혹》 시 등단, 2015 《한비문학》 문학평론 등단
시집 『아버지 뿔났다』 『사차원 놀이터』 외 3권
디카시집 『화양연화』

시_ 장정희

# 남강으로의 초대
## -나은에게

**장정희**

누구는 사랑을 잃고
쓴다는데

나는
너의 초대를 받고 쓰네

녹슨 가슴으로
부록인 듯 살던 내게
사랑을 통째 안겨준
예쁜 아이야

남강의 긴 강줄기
너의 맑은 눈동자에 담길 때
남강변 곰살맞은 생명들도
잔물결을 방석 삼아 따라 앉는다

유구한 역사 품고 흐르는 강
어쩌면 너와 나의 본적도
저 물이 아닐까 하는 생각

오늘도 담담하게 흐르는 강물처럼
깊고 부드러운 사랑
남강의 고운 물결에 띄워
너에게 보낸다

**장정희**

대구 출생
2011년 《전북일보》 신춘문예 시 당선
시집 『불기소처분』

시_ 장효익

# 유등놀이 기억

**장효익**

남강물에 등 띄우니
그 눈빛 초롱초롱하다가
옛노래 부르고 춤을 춘다

일렁이는 부교를 건널 때
뒤뚱대며 웃음 짓던 모습들
천리 길 걷고 나서야
내 곁에 머물려고 한다

어느 가을날의 데이트
한참 쉬었다가 소환하려니
무어라 표현할 수 없거늘
어쩌랴! 소망 담은 유등을 보라
그 강물이 그리울 거라고

**장효익**

마산 출생
1976년 《시문학》 등단
저서 『장효익이 만난 문화예술인』 1,2권
마산MBC국장, 경남문화예술진흥원장 역임

# 진양호 낙조

정삼희

그대 별 되어 떠난 후 그리움에 사무쳐 저녁노을 앞에 앉았네
잊는다는 건 어스름 스러지는 노을 빛 같아서 가슴 적시는 댓돌이네
기다려도 오지 않는 진양호, 조선 복사꽃은 수없이 피었다 지는데
무심한 바람만 삼수갑산 꽃잎을 열어두고 온몸 흩날리네
낙조에 풀어 헤친 물빛 호수, 청산에 걸린 어두움이 내리면
댓잎에 모인 젖은 바람과 별 오늘 밤 호수로 가난하게 내려오리라
달빛 비틀거리며 굽이도는 밤이 오면 세월 잃은 산 쑥국새
밤 저문 호수 나이테를 그리며 절창 중에 절창을 풀어 놓을 거야

**정삼희**

의령 출생
2002년 《문예한국》 등단
시집 『내마음의 도피처』 외 다수
칼럼집 『천상에 띄우는 편지』

시_ 정이경

# 돌아온 책

**정이경**

검은 칠월의 목록에 무겁게 올려지기 전
미처 거두지 못한 그 미소
마지막 나들이에 끼-인
망경동 문화거리 대나무숲
이경순 시인의 시비를 쓰다듬던
그 손길

몇 개의 상자에 담겨 돌아온
애초에 내 것이 아니었지만
내 이름을 품고
내 앞에 도착한

이것을
어떻게 발설해야 하나

찻집 죽향에서
마주앉은 봄날이 있었고
우리는
어떤 여름에도 늦가을에도
그럴싸한 연애담을 나누어 가지듯

곁들여 나온 다식도 나누어 먹었는데

지금
나는 어디에 있고
여전히
당신은 어디에 있습니까
차라리 마술상자에서라도 나오시면 좋겠습니다

**정이경**

진해 출생
1994년 《심상》 신인상 등단
시집 『노래가 있는 제국』 『비는 왜 음악이 되지 못하는 걸까』 외

# 남강의 시간대
- 오직, 한 사람을 위하여

**조향옥**

벽에 등을 대고 졸고 있는
나의 언니여—
하,
그리 많은 새벽을 열었어도 잡지 못한 것
촉석루 건너다보이는 옥상은 세상의 끝이며 시작이며 우주의 중심
일생을 같이한다고 맹세한 날부터 심장에 침을 박고 사랑한 것
그것 정말 있었을까요?

알 수 없는 물음을 찾는 언니의 눈동자

오직, 한 사람을 위하여 아침을 열고
오직, 한 사람을 위하여 시계를 보며
오직, 한 사람을 위하여 밥상을 차리고
오직, 한 사람을 위하여 사는 삶은 무엇일까요?

낡은 문이 빛나던 아침의 집
반짝이던 살림살이가 놓인 그 자리에
열리고 닫히던 미닫이문과 갈라진 대륙과 바다가 놓이는 동네
한쪽으로 쏠리는 대밭의 바람 소리와 발걸음 소리

시_조향옥

밤이면 귀를 세우고 듣는 남강의 심장 소리
쏟아지는 별빛이 촉석루 밤하늘에 박히는 순간들
그것 정말 있었을까요?

별빛 따라 밤하늘을 돌면
건너야 하는 대륙과 대륙을 만나고 펼쳐진 바다가 있어요
포도밭을 지나고 산맥을 넘고 초원을 내달리고 물개를 만나고 악어
를 만나고 강을 건너 라마가 사는 산맥을 넘어 혹등고래가 사는 바
다를 건너 캥거루를 만나고 스핑크스를 만나고 사막을 건너 누우
떼를 만나고
제자리에 돌아오는 나의 언니여—

벽에 등을 대고 태평양을 건너지 못하고 졸고 있는 언니여—

우리는 그것이 무엇인지 몰라도 되어요
없는 것을 위해 태어난 우리들의 슬픔
몰라도 되어요
잡지 못한 임을 위하여 제자리걸음을 걷는
그저, 한 방울 봄비에 민들레 한 송이 피우고 싶었던 나의 언니여—

남강에 어린 논개의 혼을 담다

시_ 조향옥

졸고 있는 언니여—

점심을 준비할까요?

**조향옥**

진주 출생
2011년 《시와경계》 등단
시집 『훔친달』 『남강의 시간』 등
2020년 《경남문학》 시 부문 작품상

# 진주 새벼리의 봄

**주강홍**

탱자꽃이 젖몸살을 하네요
쭈뼛한 가시가 허공을 쪼아대요
함부로 부르던 먼 이름들이
하나씩 푸른 잎으로 돋아나요

지나던 바람이 기억의 가지들을 불러 세우네요
복사꽃 같은 한 때가 수줍게 눈을 뜨요
지워진 것들이 일제히 움이 트면 보듬는 것마다 새 순이 돋네요

하얀 웃음들이 비탈에 뒹굴고
그리운 것들이 더욱 그리워지는

그런날
남강은 산허리를 보듬고 나직이 웃고 계시네요

세상을 쓰다듬는 햇살의 손바닥이 온통 푸르러요
가지런한 모습들이 막 피워나요

시_ 주강홍

**주강홍**

통영 출생
2003년 《문학과경계》 등단
작품집 『망치가 못을 그리워 할 때』 『목수들의 싸움 수칙』
　　　『줄탁의 시 읽기』
한국예총문화대상, 월간문학상, 경남시학작가상 외 다수
경남시인협회장, 한국예총진주지회장

# 내가 버린 가좌

**주향숙**

밥값 잘 내던 원이도
영은이도 미란이도

색에 대해 말하지 않는다 흰

구름에 대해 말하지 않는다 이제 아무도
장미를 말하지 않는다
농대 뒤편 미네르바 동산
기차는 달리고

회사대표도 공무원도
자영업자도

자유시장 좌판 위의 고등어도
별을 떠나와

사랑을 잃고 우우우 우는 행성처럼

**주향숙**

2021년《경남문학》신인상

# 진주 남강다리 중간쯤에서 만났으면

**차영한**

빗방울끼리 서로 배웅하러 나서지 않아도
새 한 마리마저 날갯짓으로 가리키는
촉석루 기다림보다
평안동에 사는 걸 프렌드 허종위 만나는 기
더 급했어라 일부러 우산 없이 젖은 채
1958년 칠월 중순 남강처럼
껄껄 웃어줄려고

그러나 촉석루까지 혼자서 걸었다
공연히 빗방울 꾸중할 걸 아닌
그날 밤 옷 말려주는 진주여관*
내방 거울이 자꾸 웃었다

따라 웃다가 J여고학생 러브레터
어찌 된 일인지 잘 말려 읽을 수 있도록
친구 엄마가 쥐어준 꽃기운*보고

지금도 빗방울로 껄껄 웃어대는 진주 남강다리

시_ 차영한

\* 촉석루 못 가서 오른쪽 길가로 보는, 친구 엄마가 경영하셨던 여관
\* 꽃기운 : 사춘기에 솟아나는 아주 힘찬 기운을 일컬음

**차영한**

통영 출생
1978년 월간 《시문학》 등단
시집 18집, 비평집 4권, 수상록 1권 출간
현 한빛문학관 관장

시_ 최인락

# 남강의 눈물

**최인락**

남강물 짙푸름은
우리 아픈 역사에 멍든 것
강풍이 일고 폭우가 쏟아져도
조금도 동요하지 않고
미래를 잘 다스리려는 선열先烈님

빛나는 논개의 황금 가락지를
열 손가락 모두 꽉 끼운 채
옛 각오에 머물러 있다
진주대첩을 빛내고도 비운해야 했던 날
그날이 오면 짙푸른 물결이 일고
검은 하늘에서 피눈물을 쏟는다

언제나 고요히 흐르는 역사의 물결은
나라의 안위가 시끄러울 때마다
큰 풍랑이 일고
선학산 선조님의 야단치는 소리가
온 산야에 쩌렁쩌렁 울린다

시_ 최인락

**최인락**

진주 출생
2015년《한국공무원문학협회》시조 등단
시집『풀잎 생각』『너울 여지도』등 8권

시_ 표성흠

# 내가 진주 남강에 연등을 띠우는 까닭은
- 용오름을 보기 위함인데

**표성흠**

진주라 남강에는 이무기 한 마리
아직 용이 되지는 못했지만 발톱도 나고 날개도 돋았다
형형한 여의주 물고 등용하는 꿈을 다 이루진 못했지만
진주라 남강 저 깊은 밑바닥엔 이무기 한 마리 살고 있다
그는 밤마다 지리산 마천골 용담까지 올라갔다가
날 새기 전에 돌아와 의암 밑에 숨는 버릇이 있다
칠선골 선녀들이 이를 가상케 여겨 선녀춤을 추며
그를 위로도 해보고 용폭을 타고 천왕봉 위로 등천하는
길을 가르쳐주기도 했지만 그는 한사코 이를 거부하고
오로지 진주남강 의암 밑에 웅크리고 숨는 버릇이 있다
오늘 나는 숨어 붉은 울음을 삼키는 그를 불러내 잠시
이야기를 나누기 위해 작은 연등 하나를 띄운다
그는 아직 두려운 눈빛을 감추지 못하고
사람들의 소리를 믿지 못해 한다

**표성흠**
1970년《대한일보》신춘문예 시 당선
시집 『네가 곧 나다』
소설집 『특별상봉』 등 130권

# 금호지에서

하미애

마른하늘에 번개를 쳐
벚꽃 안부 궁금해서 길을 나선다

금호지에 여울지는 노을로 붉게 타 저물어 가고
수변 카페 커피 잔에 녹아든 연못을 마신다

겨울 빗장 푼 꽃잎 새 소리 없는 흩날림
꽃샘바람에 흩어진 시 동아리 벗님들

호수를 수놓은 꽃잎마다에
한 모금 커피에
시 한 줄
얼굴 하나

청개구리 볼처럼 부풀어 올랐던 시인의 꿈

**하미애**

김해 출생
2010년 《현대시문학》 신인상 등단
시집 『거울 앞에서』

# 그때 그 물빛
- 진주남강 유등축제

하 영

물이 불을 다스리는 것을

꽃잎이 칼끝을 무디게 하는 것을

침묵이 함성을 잠재우는 것을

임진년 그때 그 물빛이

400년이 넘도록

증언하고 있었네

**하 영**

의령 출생
1989년 계간 《문학과 의식》 등단.
시집 『너 있는 별』 『햇빛소나기 달빛반야』 『안개 는개』 등

# 남강의 자라

허정란

강줄기 따라 페달을 밟아요
강 건너 언덕배기
하늘에 등 돌린 자라가 사는 강가
그들의 새길이에요
오수 즐기는 회색 돌멩이
자라목이에요
오월을 피우는 아카시아꽃
독감에 보름이나 향기 소진한 늦봄이에요
자라가 사는 강가 페달을 밟아요
달디단 햇살이 바큇살을 감아 도는
남강 푸른 물줄기
봄을 찾아 나서나 봐요

**허정란**

진주 출생
2014년 《한국수필》 등단, 2022년 《시인정신》 신인상
수필집 『어머니의 연서』 시집 『봄이 왔다 갔나 봐요』

시_ 허혜자

# 내 고향 진주

**허혜자**

내가 태어나 자란 진주
어머니 품 같은
아늑한 진주

진주 촉석루 아래
남강의 논개 의암바위
그냥 그 자리
지키고 있다

나의 고향
진주 지수 승산마을은
내천 물이
남쪽에서 북으로 흘러
대숲에 백로 떼 노니는
염창강에 이르러 남강으로
흘러간다

GS LG 창업주가 태어 난 곳
삼성 효성 창업주와
당시 지수국민학교 동문이다
GS 창업주 허만정 선생님은

시_ 허혜자

돈은 개미처럼
부지런히 모으되
의로운 곳에는 아낌없이 써야 한다며
자신은 헤어진 신발을 신고 다니며
독립운동 자금을 보내주시며
돈은 꼭 필요한 데에
써야한다고 하셨다

내가 태어나 자란
진주 지수 승산마을

앞산 뒷산
철마다 꽃들이 만개하고
꾀꼬리 노래 들려오는
아름다운 진주 지수 승산마을을
잊을 수 없다.

**허혜자**

진주 출생
2008년 《시사문단》 등단
저서 『푸른나무』 『구름이 흘러가듯』 등

# 뒤벼리

황숙자

산벼랑 붙든 칡넝쿨 더불어
마삭줄 고된 허리는
선학산 굽이길 지키는 힘줄이던가

내 사랑도 한땐 강물이었다

물새들 수시로 수심을 재는 밤
지우지 못한 귀 시린 말씀을 베고

남강에 몸을 누인 뒤벼리 산그늘

떠나는 물이랑마다
눈물 글썽이는 별로 뜬다

**황숙자**

하동 출생
1993년 《시와시론》 등단
시집 『뭉클』
경남올해의젊은작가상, 진주문학상, 경남우수작품집상

# 내 마음의 고향 진주

김금조

싱그러운 향내 가득한 교정 가
아카씨아 그늘 아래서
소녀들은 네 잎 클로버를 찾곤 했다

서부 경남의 수재들만 모인다는
진주사범병설중학교
송 죽 매 삼반 중 여학생들은 매반이다

칠암동에서 평거에 있는 학교까지
십 여 리 길을 힘든 줄도 모르고 걸어서 간다
자전거를 타고 달리는 남학생들이 부러워
자전거를 배우고 싶었던 시절

지각하지 않으려고 늘 바삐 걸었던 등교길
방과 후 귀가길은 먼 눈 팔기에는 그저 그만이다
높은 망루 서장대에 올라 진주시를 굽어보고
유유히 흐르는 남강을 바라본다

강변 높이 솟은 성곽을 걸어내려 오면
통행문 같은 누각을 지나

시_ 김금조

한창 복원공사 중인 촉석루에 올라 재잘대다가
강으로 향한 샛문을 지나 남강 의암 위에
건너뛰어 올라 논개를 생각한다

남강다리를 건너 천전국민학교 뒤
아치처럼 어우러진 탱자나무골목을 빠져 나오면
배 건너 부대 소녀들은 책가방을 힘주어 잡고
하교 길에 부딪혀 오며 집적대는 진주남중학생들을
책가방을 앞으로 좌우로 흔들며 막아 냈다

사범학교 도서관에서 빌린 책 읽다가 밤 밝히고
교내 배구 선수로 맹훈련 할 때
탁구 배트민튼 치느라 수업 종이 울리면
후다닥 교실에 들어가던 때
세상 모든 것이 신기하고 신나고 재미있어
친구 따라 어디든 가고
하루하루가 즐겁고 흥겨웠던 그 시절

학교에서 금지한 극장도 가끔은 드나들고
제인 에어, 폼페이 최후의 날, 내 무덤에 침을 뱉어라

지금도 잊을 수 없는
영화 속의 이야기들은 늘 감동을 안겨 준다

내가 가슴 떨며 좋아한 안경 낀 친구에게
너는 두 개의 세계를 볼 수 있어 좋겠다
라고 한 철부지 시절
가을에 개천 예술제가 열리면
웅변대회 미술대회에 나가 더러는 상도 타고

검은 색으로 칠갑된 신문이 배포되던 때
4.19가 일어난 직후 여중 3학년의 역사 수업 시간
선생님의 이야기에 창문을 닫고 숨 죽여 귀 기울이던 우리

사범학교 선배들이 내려 보낸 구호를 내가 선창하며
진주 경찰서까지 시가행진을 하다가
경찰서 앞 작은 인공연못 가에 주저앉아
춘향이와 이도령 인형이 뿜어내는 물줄기를 보고 있었다

넓은 보자기를 덮어 쓰고 진주의 밤길을 쏘다니며
우정과 미래의 꿈을 이야기하던 그 때

시_ 김금조

존재의 아픔 삶의 고뇌 같은 건 들어 본 적도 없다
다만 막연하게나마 진주가 좁다고 느꼈을 뿐

산천이 변해도 일곱 번은 변했을 세월이 흘러
이제는 자유로이 오갈 수도 없는 아득한
내 마음의 고향 진주
내 팔십 평생에서 가장 축복받았던 은혜로운 시간
팔랑거리며 생동하던 그 시절 3년을 미소 띠며 그려본다

**김금조**

창녕 출생
2002년 《흔맥문학》 등단
시집 『꿈의 여울 그 미로에서』 『또 하나의 기적』

시_ 김금조

2024 찾아가는 경남문협 세미나
- 진주 편

## 경남의 시조

강경주 | 강병선 | 강호인 | 김귀자 | 김민지 | 김복근 | 김상철
김승봉 | 김차순 | 서일옥 | 이동배 | 이정숙 | 이정홍 | 정강혜
정현대 | 하순희 | 허상회

시조_ 강경주

# 개천예술제

**강경주**

유구한 역사 그 경락에
붉은 꽃뜸을 터뜨리면

망진望晉과 비봉飛峰이 이마를 들어
먼 봉 월아月牙를 아우르고
아, 오늘은 석류알처럼
시리도록 높은 하늘이 열려
하늘 아래 사람들의 꽃다운 마음이 열려
사람은 사람끼리
흐름은 흐름을 지켜

눈빛은 눈빛을 씻어
모람모람 피는구나

**강경주**
진주 출생
시조집 『어둠을 비껴 앉아』 등 10권

# 남강

강병선

유유히 흘러가는 철모르는 저 강물은
촉석루 의암 사연 아는지 모르는지
한사코 흘러가는데 그때 일을 아는 걸까

민관군 칠만 영혼 우국 충절 쓰린 한을
임진년 아픈 상처 남강 물로 지우려고
사백 년 씻어내려도 그 흔적은 선명하네

시내를 관통하고 진주성을 가로질러
대밭 속 호국영령 호곡 소리 들으면서
뒤 벼리 절벽을 지나 새 벼리를 돌아가네

**강병선**

순천 출생
한국 시조 협회 2018년 등단
대하소설 『무죄』 전 9권. 수필집 『농부가 뿌린 씨앗』
시집 『봄여름 그리고 가을겨울』 시조집 『인생은 나그네』 등

# 진주송 삼제(晉州頌 三題)
- 남강, 의암, 진주인

강호인

천왕샘을 발원지로 덕천 경호 아울러서
굽이굽이 골을 돌며 천지만물 젖줄 되고
마침내 진주를 적시는
강이 있네 남강(南江)이네

치욕스런 왜침당해 사직마저 풍전등화
그날의 하늘마음 백의여 영원하라
역사의 성채 떠받친
그 바위 바로 의암(義岩)

대대손손 꿈과 정기 연년세세 풍요롭게
개천의 기를 모아 각양각색 꽃피우는
이 겨레 참일꾼으로
위풍당당 진주인(晉州人)

**강호인**

산청 출생
1985년『현대시조』등단
시조집『山天齋에 신끈 풀고』『따뜻한 등불 하나』『그리운 집』

# 에나

김귀자

비봉산 정기 품은 논개 혼 열 가락지
팔경도 으뜸 자리 먹거리 짜드라니

도도한
푸른 역사가
맘속 깊이 흘러서

**김귀자**

산청 출생
2016년 《한국수필》 등단
2020년 《월간문학》 시조등단
수필집 『풀결의 향기』 시조집 『노을 속에 핀 꽃』

# 논개를 생각함

김민지

한 송이 꽃 되어 산화한 젊은 넋
오랑캐 칼춤에도 조국을 감싸 안고
겨레의 빛이 되리라 역사의 물결이 되리

**김민지**

고성 출생
2009년 계간 《시조문학》 신인상 등단
2018년 시조집 『타임머신』 발간

# 겨울 남강 . 2

김복근

보리밭 어귀 돌아 갈숲으로 이어진 길
예닐곱 내 유년은 저음으로 배어들고
청 푸른 산 그림자는 물 아래 더욱 깊다

젖어, 울고 싶은 가슴앓이 나의 귀는
팍팍하게 성긴 삶을 켜켜이 벼려내어
주름진 나이를 따라 온몸을 낮추었다

손안의 은모래가 시나브로 빠져나듯
수척해진 빈자리 호젓해진 여울에서
한 겹씩 매듭을 풀며 아버지 닮은 나를 본다

김복근

의령 출생
1985 《시조문학》 천료
시조집 『새들의 생존법칙』 평론집 『평화, 저 아득한 미로 찾기』 번역집 『묵묵옹집』 등

# 장원루에 홀로 앉아

김상철

남강에 달이 뜨면 장원루 홀로 앉아
논개의 굳은 절개 의암바위 숭앙하니
흔적은
혈흔을 물고 함성으로 일어선다

왜장의 마고베를 눙치고 어르다가
호시탐탐 찰나에 물귀신 작전으로
단박에
목을 껴안고 수장하던 그날을

4세기 흐른 후에 논개길 걸어보니
임진왜란 의기사 진주기생 산홍의
앙칼진
웃음소리에 발길 멈춘 뭇 사내

김상철

산청 출생
2014년 《실상문학》 시조 등단
작품집 『붉은 웃음』 『낮달에 길을 묻다』 『환상이 달을 쏘다』

# 남강은 알고 있다

김승봉

남강은 알고 있다 진주목 이야기를
지리산 암반수로 발원된 천년의 꿈
휘돌아 흐르는 물길 진주 땅을 품고 있다

흙 내음 맡으면서 향토를 가꾸던 이들
허물없이 살아가는 민초들의 어진 삶도
임진년 구국 혈전엔 모두가 의병이었다

불꽃으로 타 오르는 사랑은 우리의 몫
범접하는 적들에게 온몸으로 막아서서
적장을 부둥켜안고 몸을 던진 푸른 강물

촉석성 푸른 순절殉節 표석으로 남은 자리
마음에 등을 밝혀 진주 목을 돌아 나오는
남강은 목이 타도록 진주 정신을 외치고 있다

김승봉

통영 출생
2004년《현대시조》등단
시조집『작약이 핀다』『낯선곳에서 길을 묻다』

# 진삼선

김차순

기억은 늘 어둠 저 편 바람으로 다가온다
릴케의 사랑, 등불 밝혀 듣는 밤
먼 바다 달빛으로 포장된 파도 살이 자맥질 한다

해안선 저 편 별똥별 앞세우고
소리죽인 협궤열차 신열을 토할 때
잊고 산 송포역 대밭 또 후두염을 앓는다

떠나온 숱한 나날, 이제 무덤으로 누운
화석이 된 사랑 실은 기적소리 듣는다
달빛도 하늘을 깔고 그리움 끌고 간다

*진삼선 : 지금은 폐선이 된 진주, 삼천포간의 철로

김차순

2001년 《시조문학》 신인상
시집 『지금은 부재중』

# 남강

서일옥

맑고도 짙푸른 역사가 거기 있네

거침없는 구국이 유장하게 거기 있네

한限 으로 눈물로 만든

진주성의 역사가 있네

### 서일옥

1990년 《경남신문》 신춘문예 시조 당선
시조집 『그늘의 무늬』『하이힐』『크루아상이 익는 시간』 외
마산문인협회 회장, 경남문학관 관장 역임, 노산시조문학상
운영위원장

# 뒤벼리* 2
## - 세월

이동배

지리산 산골 샘물 삼삼히 모여들어
남가람 물길 되어 흐르다 부딪는 벽

활처럼
휘어진 가슴
유등 되어 머무는

산골짝 인심 적셔 꿈인 양 달려온 길
진주성 충혼 품어 붉어진 댓잎 울음

강물 속
불빛에 잠겨
막아서는 세월들

**이동배**

하동 출생
1996년 계간 『현대시조』 신인상
시조집 『꿈꾸는 나목』 외 4, 동시조집 『돌맹이야 고마워』 외 2
경남아동문학회 회장

# 신발
- 월아산 숲속의 진주

**이정숙**

푹푹한 먼지 속에

예약 없이 휘어진

오른쪽 새끼발가락

쉼 없는 신발 하나

햇볕과 소통하면서

수선화를 키우고 있다

**이정숙**

부산 출생
1997년 《한맥문학》 시조 등단
디카시집 『바람이 불면 피는 꽃』 시조집 『홀로 남은 노래』

시조_ 이정홍

# 남강 의암

이정홍

강물도 꿈에서는 차마 못 잊는 거다
그래 강은 툭 지는 석류꽃을 입에 물고
먹구름 어둠의 열전 받아 적느라 등이 휜다.

도심 곁에 강은 흘러 말이 없는 바위 하나
의로운 이름 새겨 부른 노래 오백여 년
그늘진 묵향의 순절 아직 다 못 받아 적고.

민얼굴이 붉어지는 꽃진 자리 기억 하는가
계사년 비릿한 숨결 숨죽여 흐른 그 밤
그림자 지는 이렛날 벼랑 끝의 원한을.

시린 물 꽃잎처럼 몸을 던진 설움 사랑아
지고 없는 당신 자리 노을이 혼불로 서서
날 푸른 칼날을 세워 여태껏 새기고 있다.

이정홍

진주 출생
2009년 《경남신문》 신춘문예 등단
시집 『허천뱅 이별의 밤』 현대시조 100인선 『당신의 강』 발표

# 고운 아미 초승달
- 논개 영정 앞에서

정강혜

그리움의 근원지로 나를 띄우려 나선 하루
돌계단 올라 손 모으니 아픈 전율 느껴오고
그윽이 굽어보는 눈매 옛 충정도 만난다

그 해 그 날 계사 칠석 갓 스물 꽃다울 때
적은 승전을 춤추고 고운 님 분노로 떨며
손가락 여윈 손가락에 쌍가락지 죄어 끼고

통한 삼킨 그대 단심 만 폭 주름 돼 흐르고
홍안 등진 고운 아미 가슴 안 초승달인데
광배(光背)에 눈부신 자태 온유 용기 스며온다

**정강혜**

하동 출생
1974년《개천문학상》시조문학(1990년) 등단
시집『치자꽃 향기』『마음의 길을 따라서』『꽃불』
경남문학 우수작품집상

# 진주성 촉석루
- 진주8경중 제1경

정현대

내 고장 상징이자 진주 풍광 1번지
거열성(居列城) 강주(康州) 진주(晉州) 역사의 흐름 따라
임진란 어려운 시기 나라를 지켜냈지

전시(戰時)에는 남장대(南將臺)
평시(平時)에는 장원루(壯元樓)
팔작(八作)지붕 목조와가(木造瓦家)
겨레 얼의 표상이다
현판의
영남제일형상(嶺南齊一形象)
그 위용 뛰어나고

남강물 푸른 흐름 시야는 일망무제(一望無際)
추녀는 날렵하고 기둥은 튼튼하니
높다란 다락 숨소리 영원히 이어가리.

**정현대**

진주 출생
1981년 《새교실》 시, 1992년 《현대시조》 시조,
1993년 《아동문예》 동시 추천 및 당선
시조집 『새벽의 빛깔』, 동시집 『달빛처럼』 외 다수
현대시조문학상, 대한아동문학상, 경남아동문학상.
진주문인협회장 역임

# 진주성

하순희

오랜 역사는 그저 이뤄지는 게 아니다
수많은 민중들의 뜨거운 염원들이
성곽을 이루고 있는 수호석으로 앉은 것을

육중한 문을 밀고 들어선 순간부터
그 나라의 백성으로 숨쉬고 있었음을
하나로 으스러진 채 살아살아 흐르는 강

논개여 최경희여 김시민 촉석루여
이름없는 병사며 성안의 아낙들까지
그 이름 영원히 흘러 진주혼을 불 밝혀라

하순희

산청출생
1989년 《시조문학》천료, 《경남신문》《서울신문》 시조당선
시조집 『종가의 불빛』『청자화병』 외 3권

# 남강 물결

**허상회**

해가 져도 반짝반짝
별빛이 흘러가는

남강의 맑은 물결 위
보름달 입술 적시며

그리던
별님 달님과 함께
연모하듯
꽃피운 밤

**허상회**

산청 출생
2008년《한비문학》시 등단, 2011년《좋은문학》시조 등단
시집『천국보다 문향』
시조집『천상의 운율을 내 가슴에』『덕천강에서 마산항』

시조_ 허상회

2024 찾아가는 경남문협 세미나
- 진주 편

## 경남의 수필

강미나 | 강수찬 | 김상환 | 김순철 | 노갑선 | 박종현

박혜원 | 배대균 | 배소희 | 서정욱 | 손정란 | 신서영

신애리 | 양미경 | 윤용수 | 이승철 | 이희경 | 정영선

조평래 | 허숙영

# 나막신쟁이 날

강미나

 섣달 마지막 장날. 어스름이 내리는 서부시장 대목 파장으로 들어섰다. 간간이 눈발이 날린다. 얼굴에 덤빈 싸락눈이 금세 물이 된다. 날이 선 바람기가 차갑다. 세 발 수레에 물건을 잔뜩 싣고 더운 입김과 콧김이 낑낑대며 끌고 가는 영감 뒤로, 이제야 저녁거리를 사러 나온 아낙들이 끌고 가는 밀차는 툴툴거린다. 막차를 타야 된다며 떨이해 달라는 촌로의 목소리는 가파르다. 한몫 보려고 쌓아 둔 과일상자들이 갈 길을 정하지 못해 사방을 점령했다. 좌판을 편 상인들도 비닐로 가린 추위를 막지 못해, 물건들을 몽땅 떨이로 모아 놓고 웅크리고 있다. 비닐로 대충 덮어 놓은 채소들은 얼음에 튀겨놓은 듯 바싹하다.

 꺼이꺼이. 땅 울음이 울린다. 한 여자가 질퍽한 시장 뻘 바닥에 퍼져 앉아 통곡을 하고 있다. "당신 보소, 우짜라꼬. 내 우찌 살라고..." 쉰 목소리가 목에 걸렸다. 풀어 헤친 가슴은 아랑곳없이 갯벌의 어거적 게 마냥 옆으로, 앞으로 어질거리며 긴다. 밥풀때기처럼 서러운 낯을 맨땅에다 숙이고 뭐라 소리를 질러댄다. 물기에 얼어붙은 머리채가 악쓰는 기운에 김을 피운다. 벗겨진 한쪽 털신은 진창에 엎어져서, 저 혼자 단근질을 한다. 길바닥에 나뒹구는 양재기 속의 시래기 서너 가닥이 낙지발처럼 발목을 끌어당긴다. 밍크 목도리를 두른 여자는 화들짝 혀를 차며 비켜 가고, 몇 안 되는 사람들이 자라목을 빼고 돌려보다 무심히 지나친다. 지나던 할매가 "야야, 젊은기 정신 좀 채리래이. 이 추운데 와 이라노" 하며 등을 내친다. 그래도 아랑곳없이 비린내 나는 넋두리를 하고 있다.

두어 발자국 다가갔다. 손수레에 생선을 싣고 다니면서 파는 여자였다. 몇 번인가 갈아 준 적이 있는 손끝 야문 새댁이었다. 참도미, 씨알 굵은 조기는 어디 가고 꽁꽁 언 명태와 잔챙이 서대, 삐쭉조기, 오징어가 실려 있다. 비린 궤짝들은 저린 귀를 얼음으로 막은 그대로다. 수레 옆에 있던 깡마른 야채 아지매가 덤을 더 줄 테니 제발 좀 사가라고 했다. 지금 여자가 하고 있는 형편이 손질도 못 해 줄 것 같아 잠시 망설였다. "야, 이년아. 어쩌자고 날도 저무는데 빈속에 술 처먹고 지랄이고. 이거 팔고 가서 저녁에 서방 제사 지내야제. 우짜자고 이라노." 내딛던 왼발이 들고 입이 말했다. "저기요, 삐쭉 조기 손질해서 세 마리만 주세요." 야채 아지매가 다가서다 자기 손님이 오자 "우짜꼬, 저 화상이 칼질이나 제대로 할 란가. 어여 손질해라. 얼른." 내 눈치를 살피며 아낙을 채근한다. 엷은 어둠이 내린 장에 알전구가 켜졌다. 그때서야 여자가 나를 쳐다보았다. 부숙하게 얼은 낯에 잦아든 울음을 삼키고 오른쪽으로 기울어진 다리를 비척거리며 손수레로 왔다. 핏자국도 없는 나무 도마와 칼이 땅바닥에 놓였다. 어질한 손놀림에 조기도 놀랬는지 뒤척거린다. 저러다 손이나 다치면 어쩔까 내가 되레 걱정이 돼서 조바심이 난다. 오도카니 서 있는 나에게 뒤에 서 있던 야채 아지매가 낮게 말했다. "젊은 기 오죽하모 빈속에 낮술을 묵었을 끼요." 대신 미안해했다. "조금 기다릴게요." 내 목소리에 그녀는 궤짝의 조기

한 마리를 더 꺼내며 혀 말리는 소리로 웅얼거렸다. "얼릉 죽은 나무 등걸에 꽃도 먼저 피겄지예." 무딘 칼날이 생선 살을 뜨고 있다.

'설이면 뭐해. 서방도 새끼도 없는 년이…' 빈속을 훑어내듯 또 울고 있다. 나는 잠시 비켜섰다. 그녀가 맨손으로 두드리는 땅은 답을 하지 않았다. 나는 메모해 온 장거리 사는 것도 잊은 채 낮은 하늘 밑에 우두커니가 되어 서 있었다. 그때 야채 아지매가 오더니 낮은 소리로 조곤거리며 말을 했다. "아이고, 저 새디 서방이 화물차 운전사이띠다. 딱 돌시 만이네. 갓난재이 아가 무단이 숨이 넘어가는기라. 차 따라도 못가고 병원 중환자실에 대기해 있던 기라. 우찌 일이 될라쿤께 그날사 목돈되는 일이 생기뿌꼬. 인천 가는 고갯길에서 자불다가 고마 구부러져갖고 직사 안 했나. 참 얄궂제, 아도 그날 죽었다 아이가, 쯔쯔 오늘이 첫 제삿날인데 진눈깨비꺼정 와 가지고는…"
야채 아지매가 코맹맹이 소리로 하고는 김이 나는 국물 양재기를 들고 그녀 곁으로 간다. 고드름처럼 구불거리는 정맥이 도드라진 아낙의 두 손을 감싸 자신의 품에 안아 준다. "야야, 쾌 안타. 니 서방, 니 새끼가 우찌 모릴까. 설 대목 제사상에 니 맘만 채리 놓으모 된다 아이가. 됐다 고마 울어라" 토닥거린다. 둘둘 감았던 털목도리를 풀어 그녀 목에 둘러준다. 아까보다 더 큰 울음으로, 연신 고개를 끄덕인다. 잦아든 소리에 아지매가 내민 양재기 국물을 눈물로 삼킨다. 오늘 하루 땅으로 기어 햇볕 쬐지 못한 몸뚱이는 태엽 풀리듯이 시나브로 녹는다. 텅 빈 벌판에 빈 대궁의 갈대처럼 서걱이던 그녀가 손수레를 챙긴다. 밥에 붙들린 가녀린 허리에, 절룩거리며 우는 언 발을 한 걸음 두 걸음을 뗀다. 등짝에 붙은 손수레 바퀴 그림자가 죽는 해를 찾아간다.

몇 구경꾼들도 떠나버린 길 위에 비도 아닌 것이 눈도 못 된 것이 점점 더 추적거렸다. 그 사이로 매운 한기가 코끝을 쪼아댄다. 하얗게 탈색된 가루들이 짐을 훌훌 벗어 내리듯 사방으로 흩날린다. 섣달 스무이튿날, 나막신쟁이가 울고 가다 얼어 죽었다는 옥봉동 말띠고개가 어스름 눈발에 어둑어둑 묻혔다.

**강미나**

진주 출생
2009년 《수필시대》 등단
수필집 『열 개의 눈』 『내일로 간다 달팽이가 등을 혀고』
진주문학상

수필_ 강수찬

# 진주와의 인연

강수찬

　진주라는 지명이 나에게는 운명적이다. 나는 진주 강씨 은열공파 31세손이며 내 아버지 본적은 진주시 집현면 사촌리 93번지이다. 진주시 집현면 일원에 8대조부터 증조부의 선산이 있으며 재종형제들도 진주에 거주하고 있다. 고인이 되신 아버지 5형제 중 네 분이 1930년대에 먹고 살기위해 진주시 집현면을 집단 가출하였다. 기약 없이 이틀 동안 걸어서 마산시 완월동에 안착하였다고 한다. 아버지는 리아스식 해안에 경사도가 심한 마산 무학산 비탈의 농촌마을에 머슴살이로 농사를 시작하였다. 6척의 건장한 육체에 부지런하기로 소문난 아버지는 근검절약하여 다락 논 천 평을 마련하였다. 천수답이라 여덟 식구의 입에 풀칠하기에는 늘 식량이 부족하였다. 나는 혹독한 보릿고개를 경험하면서 자랐다.
　6남매 중에 위로 세 살 터울인 3형제는 자라면서 굶주린 배를 채우기 위해 때로는 형제끼리도 경쟁하면서 먹을 것을 챙겨야만 하였다. 나는 한평생 자식만 6남매를 낳고 49세에 논두렁에서 뱀에 물려 요절하신 어머니께 늘 미안한 마음이다. 여름이면 밭에서 수확한 호박이나 열무를 장군동 노천시장에서 팔아 생계를 유지하였다. 가끔 옷을 구입하는 날이면 새 것은 형한테 먼저 입히고 동생인 나는 헌옷을 물려받아서 입었다. 못마땅한 어느 날 헌옷을 가위로 잘라버렸던 기억이 65년이 지난 지금까지도 잊을 수 없다.
　형은 중학교를 나와서 미장공이 되고 동생은 초등학교를 나와서 목수 일을 배웠다. 나도 중학교를 나와서 처음에는 이발소에 취직을 하였다. 보름 정도 일을 해보니 어린 나이임에도 이발을 해서는 평생토록 살아가기는 희망이 없다는 생각이 들었다. 일자리를 그만두고 귀가하는 날이었다. 아버지는 "솥 씻어놓고 기다리는 좋은 직장을 그만 두었다"며 호되게 질타를 하였다. 이발소는 수고비를 당일 지급하는 곳이었다. 하루 일을 마치고 받은 그 돈으로 양식을 사서 생존할 수 있다는 생각뿐이었던 아버지로서는 좋은 직장이라고 생각할 수밖에 없었다. 지금도 자식의 장래는 걱정하지 않고 오로지 현실에만 급급하신 당시 아버지 심정을 이해할 수 없다.

나는 하는 일 없이 농사나 거들면서 지내던 어느 날, 형 친구가 다니던 마산 서성동 소재 경남전기에 입사하였다. 1964년 서성동은 시외버스터미널이 있는 곳으로 마산에서는 가장 번잡한 곳이었다. 인근의 농촌 방앗간에서 고장 난 전동기와 변압기를 수리하는 점포가 많았다. 나는 심부름하며 기술을 배우는 대가로 월급 500원을 받았다. 일자리가 귀하던 시절에 자전거 수리점이나 철공소에서 기술을 배울 수만 있어도 다행이었다. 나는 월급을 알뜰하게 저축해서 2년 후에 마산공고 야간에 진학하였다. 주경야독으로 한평생 전기쟁이로 살아갈 수 있는 주춧돌을 마련한 셈이다.

나의 인생 2막인 문학 세상도 진주에 거주하면서 수필가로 왕성하게 활동하는 처남 덕분이다. 중등학교 교장으로 정년퇴직한 처남께서 계간지 『문학사랑』에 수필로 등단하였다면서 문예지를 보내왔다. 요즘 나는 모르면 용감하다는 말을 자주 인용하는 편이다. 주경야독과 야경주독의 힘겨운 생활을 10년 넘게 번갈아하면서 자위하는 수단으로 꾸준히 일기를 썼다. 그 경험으로 글을 쓰고 싶은 욕구가 잠재되어 있었다. 나의 용감한 기지가 발동하였다. 한국전기기술인 협회지와 지역 신문에 발표한 글을 첨삭하여 2002년 여름호에 「단상3제」로 등단하였다. 나의 작품은 어휘력은 다소 부족해도 진솔하게 표현하였다는 작품 평이었다. 나는 문단 생활에 디딤돌을 마련해준 등단지에 늘 감사하는 마음이다.

우리 인생의 성공여부는 사람과의 관계에 달려있다 해도 과언이 아니다. 나는 35년 전기공사업을 하면서 영업을 하는 습관으로 누구를 만나도 먼저 말을 걸어서 대화의 끈을 이어간다. 그런 마인드로 진해문인협회에 입회하고 경남대학교 평생교육원 수필전문반에 10년 넘게 등록하여 공부하였다. 나는 하길남 선생의 문하생으로 〈붓꽃문학회〉를 구성하여 초대회장을 맡아서 문단 생활의 발판이 되었다. 나는 진해의 광석골을 꾸준히 걸으면서 사색하고 습작하여 2016년에 3번째 작품집 『광석골 연가』를 발간하였다. 또 행사나 문학기행에는 빠짐없이 참여한 덕분에 문우들과 활발하게 교류하면서 문학 세상에 빠르게 적응한 셈이다.

2022년에는 진주에서 태동하여 연간지 『경남수필』50호를 발간한 전통의 경남수필문학회 회장으로 2년 동안 봉사할 기회가 되었다. 모임 장소가 총회를 비롯하여 한 해에 진주에서 6번 합평회를 하고 창원에서는 3번으로 정해져 있었다. 매달 3번째 토요일에는 문우들과 함께 진해에서 마산을 거쳐 진주까지 장거리 야간운행을 하는 고충도 경험하였다.

전형적인 배산임수의 예향, 진주는 나의 조상과 형제들이 살고 있는 살기 좋은 고장이다. 수필로 삶의 향기를 전하는 문우들을 만나려 언제라도 달려가는 진주는 참 아름다운 도시다.

수필_ 강수찬

**강수찬**

마산 출생
2002년 《문학사랑》 수필 등단
수필집 『추억은 길을 멈추지 않는다』 『낮은 곳에 물고이듯』
　　　『광석골 연가』

# 시낭송 축제

김성환

　진주 시낭송축제에 참가하기 위해 함안문협회원들은 10월31일 오후 2시에 읍사무소 앞에 모여서 승용차 2대에 분승하여 출발했으며, 먼 곳에 있는 분은 각자 개인 차편을 이용하기로 했다. 오늘 오후 7시에 '제7회 경남 시인을 노래하다'에 참가하는 길이라 마음은 큰 기대로 들떠있다. 오늘 기사는 조평래 회장님과 전 회장 권충욱님이 수고를 하신다. 경남재능시낭송협회장 역임한 주경호님도 동승했다.
　진주성에 도착하니 김영애 해설사님이 반갑게 안내를 해주신다. 오랜만에 찾은 진주라 젊은 시절 부르던 노래가 콧노래로 흘러나온다.
　'비봉과 두루연봉 서북에 두고 머나먼 예로부터 이름난 고을 의랑에 고운 넋을 남강에 잡고 촉석루 아오라이 솟아있도다.' 이곳에 올라 편안히 앉아 해설사의 얘기를 듣고 있으면서 콧노래가 울린다. 남강 물은 그대로 흐르고 건너편 대나무 숲도 그대로 무성하구나. 우린 내려와 논개사당에 들려서 해설사의 설명을 듣고 고개 숙여 묵념으로 명복을 빌며 나라 사랑에 감사한 마음을 전했다.
　사범 2학년 때인가, 개천예술제 웅변대회에 참가했다. 수상은 못했지만 대밭 넘어 사시던 고모님이 외손녀를 업고 남강교를 건너 이곳까지 오셔서 응원해 주시던 모습이 지금도 빛나고 있다. 그때 고모님이 업고 오신 외손녀는 세월이 흘러 이제 자라서 큰아들과 막내는 진주에서 살고 둘째는 호주에서 살고 있다. '오늘도 기쁨주고 사랑 받는 멋진 하루 보내세요, 항상 건강하시고 행복하세요.'

참 좋은 인연이다. 그 때 그 어린이가 자라서 카톡으로 문자를 보내주다니. 참 고맙다.

그때 난 사범학교 악대부원이었는데 무슨 행사가 있었든지 시내 행진을 했다. 난 큰 북을 치면서 동행했다. 그 시절 진주시가지를 상상하며 "둥둥~" 북을 치며 악대부원들을 불러보지만, 대답이 없다.

국립진주박물관에 들렸다. 진주대첩의 현장 진주성에 자리잡은 이곳은 임진왜란을 중심으로 경남 지역의 역사와 문화를 전시하고 있다. 7년에 걸친 국제 전쟁의 전개 과정과 영향을 당시의 무기와 여러 가지 역사 기록으로 보여주고 있다. 문화유산의 아름다움과 다채로움을 느끼게 한다.

사천 출신의 재일교포 두암 김용두 선생이 일본에서 수집하여 기증한 문화유산을 전시하고 있다. 때마침 '한국채색화의 흐름'도 볼 수 있어 좋았다. 전시 주제인 '낙이망우(樂以忘憂) 꽃향기, 새소리'는 '도를 즐겨 걱정과 근심을 잊어버린다.' 의미이니 근심걱정 털어버리고 찬란한 인생을 살고 싶다. 고려시대에는 꽃과 새 그림중심 소재가 되었다고 한다. 현존하는 작품은 거의 없지만 14세기 후 고려불화에서 당시의 꽃과 새 그림의 일면을 엿볼 수 있다고 한다.

이젠 회원들이 기대했던 시낭송 축제장으로 옮긴다. 우리 회원에 대한 관심이 높아 임원들의 밝은 미소의 꽃송이가 활짝 피어나고 고운 음성이 울려와 편안하고 포근한 의자에 앉았다. 무대 장식도 화려하고 설치된 화면도 선명하게 잘 보인다. 정감이 솟는 분위

기다. 오늘 행사의 대표가 나와서 반갑게 인사를 하신다. 아름다운 인상이다.

'풀벌레 울음소리가 정다운 가을입니다, 우리 이 가을에 어떤 이야기를 나눌까요? 우리도 풀벌레처럼 고운 이야기를 나누기로 해요. 마음이 풍요롭고 넉넉한 계절에, 제7회 경남시인을 노래하다 시낭송회를 갖게 되어 매우 기쁘게 생각합니다. 우리 예술원은 이 낭송회를 통해서 경남시인과의 소통을 원합니다. 고운 음성으로 가까이 다가왔다.

이어서 가수 고명숙님의 노래와 김소연님의 섹스폰 연주로 환영하는 박수소리와 함성이 울려 퍼졌다. 시낭송연구회대표 수피아님의 멋진 모습과 정겨운 인사말로 보석 같은 시간은 미소를 날리며 흥겹고 포근하였다.

함안문협에서 자랑스러운 시인들의 좋은 작품을 오늘 훌륭한 낭송가의 멋진 낭송으로 시를 더욱 빛나고 향기롭게 감동을 전달하고 정서적 풍요까지 울려 퍼진다. 우리 마음에서 저 푸른 하늘까지.

낭송 유경희-'금천에서' 권충욱, 낭송 김소연-'보리 밥' 이상규, 낭송 오정석 강경향-'어머니의 강' 권선자, 낭송 박일순-'조각보' 정혜자, 낭송 류해선-'민들레 편지' 이남순, 낭송 오정숙-'바지랑대' 안춘덕, 낭송 하한종-'점의 힘' 조승래, 낭송- 박말연 '나무의 말' 이명호, 낭송 이성분-'꽃길 산책' 강홍중, 낭송 배성철-'가을엔 떠나지 못합니다' 이상익.

감동적인 시낭송 축제였다. 아름다운 향기가 솟아올랐다. 낭송가의 미소와 고운 음성이 멋있게 가슴을 파고들었다, 낭송하신 분들이 참 멋이 있었다. 발음, 감정이입, 표현력이 좋아 마음을 포근하게 사로잡았다. 목소리의 높낮이, 강도 등 감정 표현이 좋고 배경음악도 조화롭게 어울려 감상하기에 좋았다.

아름다운 모습, 맑고 고운 음성, 멋진 표정으로 듣는 이로 하여금 감성을 더 높이어 기쁨이 넘쳤다. 밝은 미소도 참 좋았다. 삶의 지혜도 받았다. 시 낭송의 기회가 더 많았으면 하고 기원도 하였다.

풍부한 감성을 심어준 '한국논개시낭송예술원'과 '우리말시낭송연구회' 발전을 기원하면서 평상시 분위기 좋은 기회가 있으면 회원들에게 시 낭송을 꼭 희망해야지 다짐을 해본다.

**김상환**

1994년 《수필문학》 등단
수필집 『따뜻한 손길』
함안예총회장 역임

# 진주 누님

김순철

 어머니는 아들 셋을 내리 낳은 후 다시 딸 셋을 낳고 또 아들, 딸 4남 4녀를 낳았다. 그러고 보니 1943년 어머니 스무 살에 첫 아이를 낳은 후 1962년까지 무려 20년 동안 2~3년 터울로 아이 여덟을 낳았다. 요즘 같으면 나라에서 큰 상이라도 주련만 당시는 미개인 취급받으며 늘 가난과 굶주림의 연속이었다. 보리죽도 못 먹던 시절 자식 여덟 명을 키운다는 것은 보통 일이 아니었다.
 진주 누님은 다섯 번째이면서 나에게는 둘째 누님이었다. 누님은 1954년 백말띠로 이 세상에 나왔다. 나보다 여섯 살 위의 누님이었다. 머리는 명석하고 성격 또한 남자처럼 시원시원한 성격으로 유난히 나를 좋아한 누님이었다. 주변에서는 아들로 태어나 공부만 좀 시켰다면 큰 인물이 되었을 것이라며 아쉬워했다. 나 또한 그러한 누님을 가장 잘 따르고 이해했다. 직업도 없이 늘 술로 세월을 보낸 아버지의 무책임함에다 시대를 잘못 타고난 죄로 형님, 누님들은 모두 초등학교 이상 학교 문턱을 밟아 본 적이 없는 시대를 잘못타고 난 불운아들이었다.
 그 시대 누님과 비슷한 또래가 다 그랬듯이 누님도 초등학교를 졸업한 이후 입에 풀칠이라도 하기 위해 이런저런 공장을 전전하고 가사를 도우며 그렇게 결혼 적령기가 되었다. 마침내 이웃 마을에 총각이 있다며 중신아비가 '속아도 알고 속으라'며 중매를 했지만 누님의 생각은 달랐다.
 우리 집안 사정을 잘 모르는 낯선 곳으로 시집가는 것이 누님의 바람이었다. 그러던 어느 날 진주 어느 곳에 총각이 있다며 선이 들어왔다. 총각의 나이가 좀 많기는 했지만 시가가 친정과 멀다는 이유로 덜렁 결혼이 성사되었다. 당시만 해도 구식결혼을 하던 시대였다. 1970년 중반쯤이었으니 내 나이 열 몇 살 어릴 적 일이었다.

누님이 진주로 시집가기 전 나는 단 한 번도 진주 땅을 밟아보지 못한 시골뜨기였다. 누님의 구식 결혼식 때 난생처음 가본 진주는 정말 멀고도 멀었다. 누님을 시집보내고 돌아오던 날 형제들은 모두 걱정이 태산이었다. 말이 진주이지 누님의 시집은 진주에서도 아주 변두리인 약골(지금의 주약동)이라는 산골마을이었다. 그 당시는 경운기, 트랙터를 만들던 대동공업사를 지나고 진삼선 철로를 지나서 한참을 걸어가야 약골이라는 마을이 있었다.

매형이라는 분은 그렇게 부농은 아니지만 부모덕으로 특별한 직업도 없이 그럭저럭 먹고사는 평범한 사람이었다. 당시만 해도 교통, 통신이 발달하지 않은 시대라 진주 누님이 어떻게 사는지 자세히 알 수 있는 방법이 많지 않았다.

어쩌다 만난 누님에게 살기가 어떻냐고 물으면 자존심 세기로 유명한 백말 띠 누님은 늘 괜찮다는 말로 일관했다. 누님이 우리에게 말하지 않으니 누님이 행복하게 사는 줄만 알았다. 그러나 누님의 결혼 생활은 눈물로 점철된 어려움의 연속이었다는 것을 뒤늦게 알았다. 남자들도 하기 어렵다는 쇠를 깎는 상평공단의 어느 공장에 취직하여 온몸으로 가정을 지켜낸 누님이었다. 설상가상 사고로 인해 장애자가 되어 늘 놀고먹는 남편 뒷바라지는 물론 아이 셋을 온몸으로 길러냈다. 쇳가루가 날리는 공장이라 본인도 천식에 시달렸지만 늘 남편과 아이가 먼저라며 생활전선을 지킨 억척스러운 누님이었다.

"진주라 천리 길을 내 어이 왔던고. 서장대에 찬바람만 나무 기둥을 얼싸안고 아 타향살이 내 심사를 위로할 줄 모르느냐, 진주라 천리 길을 내 어이 왔던고. 달도 밝은 남강가에 모래사장을 거닐면서 아 불러보던 옛 노래는 지금 어데 사라졌나" 누님은 대중가요 '진주라 천리 길'을 부르며 애환을 달랬을 것이다.

그렇게 힘들게 사느니 그만 통영으로 이주해 와서 형제들 옆에서 살기를 종용해 보았지만 누님은 죽어도 진주에서 죽겠다며 통영행을 거부했다. 요즘이야 황혼이혼도 다반사이지만 누님은 우리 집안의 명예를 위해서는 이혼은 생각할 수 없다며 눈물로 가정을 지켰다.

오래 전 매형도 세상을 떠나고 누님은 손주 보는 재미로 아직도 진주에서 살고 있다. 넉넉한 살림은 아니지만 누님은 늘 품이 넓고 이해심이 많았다. 지금도 나에게 가장 큰 신뢰를 보내는 누님이다. 넉넉하지 않은 살림살이지만 누님은 우리 집안의 대소사에 빠지는 일이 없다. 편리해진 교통 덕택으로 누님은 진주와 통영을 자주 오가며 노후를 심심찮게 보내고 있다. 백수가 넘은 어머니는 지금도 진주 옥이를 찾는다. 형제들은 진주 동생, 진주 누님. 진주 언니라 부르고 우리 아이들 또한 네 명의 고모 중 진주 고모를 가장 잘 따르며 좋아한다.

누님이 아니었더라면 나와 진주의 인연은 특별할 게 없었다. 통영을 떠나 다른 도시에 가서 살아야 할 일이 생긴다면 분명 진주도 한번 쯤 살아볼 만 곳으로 기억될 것이다. 임진왜란 3대첩의 하나인 김시민 장군의 진주대첩이 그렇고 진주의 젖줄 남강과 촉석루와 의기 논개가 있어 더욱 그렇다.

가난했지만 늘 자존심 하나로 아직도 진주를 떠나지 못하고 진주를 고향 삼아 살아가고 있는 진주 누님이 오랫동안 우리와 함께 했으면 좋겠다.

**김순철**

통영 출생
2002년 《수필문학》 등단
『통영과 이중섭』『통영 르네상스를 꿈꾸다』『집으로 가는 길』

# 양귀비꽃보다 더 붉은

**노갑선**

　전북 장수에서 전국 시낭송 퍼포먼스 대회가 열렸다. 예선을 거쳐 본선에 오른 열 팀의 불꽃 튀는 경연으로 열기가 후끈 달아올랐다. 사회자의 맛깔스런 재치가 화기애애한 분위기를 북돋운다. 각 팀은 소품이며 의상, 음향 등을 완벽하게 준비해 역사적 배경까지 느껴진다. 시 낭송가들은 자신들만의 끼를 무대에서 마음껏 펼쳐 보인다. 나의 뇌리에는 우리 팀의 공연 장면이 떠나지 않는다.

　우리 팀은 첫 번째로 무대에 올랐다. 코러스를 맡은 열한 명이 질서정연하게 자리를 잡았다. 진주 남강에 나들이 온 여고 동창생들이 등장하며 시극이 펼쳐졌다. 중년 여인들은 노을이 붉게 물든 강물을 보며 박재삼의 시 '울음이 타는 가을 강'을 애써 떠올렸다. 코러스 세 사람이 한 연씩 낭송하며 분위기를 띄웠다. 그들은 독송과 합송으로 주인공을 돋보이게 하는 양념 같은 역할을 해냈다. 시 낭송을 듣고 있던 동창생들은 강물에 몸을 던진 논개를 떠올리며 몸서리쳤다.

　진주성과 촉석루가 불타는 장면으로 바뀌었다. 임진왜란이 일어난 다음 해인 1593년 계사년 6월 29일이다. 우리 군과 왜군의 진주성 전투는 그야말로 아비규환이었다. 칠만여 명의 사람들은 남강을 피로 물들이며 최후를 맞았다. 왜장과 마지막 결투를 하던 황진 장군마저 총탄을 맞아 쓰러졌다. 장군은 한쪽 무릎을 꿇고 긴 칼에 몸을 지탱한 채 신석정 시인의 '임께서 부르시면'을 읊다 숨을 거둔다. 주연을 맡은 황진 장군과 왜장의 퍼포먼스가 돋보인다. 시의 나머지 부분은 코러스들이 합송하며 깔끔하게 마무리했다.

민·관·군의 결사 항전에도 끝내 진주성은 함락되었다. 경상우병사 최경회 장군은 촉석루에서 남강으로 뛰어들어 생을 마쳤다. 그날 밤, 최 장군의 소실 논개는 낭군이 끼워준 가락지를 보며 비장한 미소를 지었다. 논개는 한복 차림으로 촉석루에 나타나 시 한 수를 읊었다. 승전에 취한 적장 게타니 로쿠스케는 논개를 발견하고 부하를 시켜 끌고 갔다. 열아홉 앳된 여인의 미모에 반한 적장은 술판을 벌여 얼큰하게 취했다. 논개는 촉석루 아래 강물 속에 있는 의암으로 적장을 유인하여 허리를 껴안고 덩실덩실 춤을 추었다. 그녀는 열 손가락에 낀 가락지로 적장을 옥죄이며 둘은 푸른 강물에 풍덩 뛰어든다. 역사의 비극은 우리 민족의 가슴에 절망을 안겨 주었다.

"아, 강낭콩 꽃보다도 더 푸른 그 물결 위에
　양귀비꽃보다도 더 붉은 그 마음 흘러라"

번영로의 시 '논개' 합송으로 우리 팀의 시극은 막을 내렸다. 어느새 내 마음에 남강 주변의 풍경들이 들어앉았다.

해마다 시월이면 진주 유등 축제가 열린다. 축제 기간에 가족이나 친구들과 함께 진주성을 찾는다. 임진왜란 당시 김시민 장군이 이끄는 우리 군과 왜군의 치열한 전쟁이 벌어진 곳이다.

진주성이 함락되었던 역사적 현장을 재현해 놓았다. 촉석루와 남강 위의 유등은 형형색색으로 밤하늘에 수를 놓는다. 순국선열들이 비참한 최후를 맞은 진주성 싸움을 기억하라는 무언의 빛처럼 느껴진다. 사백여 년 전, 우리 군은 칠흑같이 어두운 밤 왜군이 강을 건너는 것을 저지하고, 가족에게 안부를 전하기 위해 유등을 띄 웠다. 후손들은 나라를 위해 목숨을 던진 영혼을 위로하는 유등에 불을 밝히며 그날을 잊지 않는다.

　남강은 우리 민족의 아픔이 서려 있는 상징성을 지녔다. 남강에 다리를 놓으며 논개의 가락지를 형상화시켰다. 원수를 품에 안고 꽃다운 나이에 죽음을 택한 거룩한 정신을 가르쳤다. 논개의 순국은 비통한 겨레의 가슴에 희망의 빛이었다. 오늘도 남강의 푸른 물결은 지난한 역사를 품고 가락지 사이로 유유히 흐른다. 논개는 한 송이 꽃으로 다시 피어나 우리 가슴에 영원히 살아있다.

　논개 시극 대회는 타임머신을 탄 듯 현재와 과거를 넘나드는 구성으로 긴장감을 놓지 않았다. 시낭송은 시에 옷을 입히고 생명을 불어넣어 언어로 그림을 그렸다. 퍼포먼스 또한 남강 위에 둥둥 떠 있는 유등처럼 다양한 색깔과 몸짓으로 빛이 났다. 우열을 가리기 힘든 대회였지만 경쟁하는 마음보다 서로 응원하고 즐기는 축제의 한마당이다. 논개 추모 시낭송 퍼포먼스 대회는 우리의 자존감을 높이는 계기가 되었다.

　열일곱 명이 참가한 우리 팀은 상장과 꽃다발을 받고 환한 웃음을 지었다.

　다음 대회가 벌써 기다려진다. 남강의 밤이 눈부시다.

**노갑선**

김해출생
2007년 《수필시대》 신인상
수필집 『꽃등』 『하늘꽃 피다』

수필_ 박종현

# 스토리텔링이 있는 힐링여행
- 진주농민항쟁

**박종현**

**진주 최초의 민중가요**

이걸이 저걸이 갓걸이/진주 망건 또 망건/짝발이 휘양건 도래매 줌치 장도칼/
머구밭에 덕서리 칠팔월에 무서리 동지섣달 대서리

 철없던 어린 시절, 뜻도 모른 채 입가에 웃음을 머금고 불렀던 이 노래는 류계춘 선생이 지은 혁명가이자 민중가요이다. 하지만 이 노래가 생겨난 유래와 노래 속에 담긴 의미를 안 뒤부터 차마 이 노래를 부를 수가 없었다.

'이걸이 저걸이 갓걸이'란 양반의 갓을 걸어두는 역할밖에 안 되는 농민의 처지를 한탄한 것이고, '진주 망건 또 망건'은 뇌물을 주고 벼슬을 산 가짜양반들까지 농민을 수탈해 가는 정도가 극심함을 의미하며, '짝발이 휘양건'은 짝 벌어진 휘양건(미투리에 쓰는 방한구)처럼 양반과 지방관리들이 부정축재를 위해 폭정을 일삼았음을 뜻하고, '도래매 줌치 장도칼'은 양반과 관리들이 돈과 식량을 모으기 위해 악랄하게 농민을 수탈했음을 뜻하며, '머구밭에 덕서리'란 백성들을 의미하는 머구밭에 서리가 내렸으니 이는 아전들이 백성들의 피를 빨아먹는 행태를 비유적으로 표현한 것이다. 그리고 '칠팔월에 무서리'와 '동지섣달 대서리'는 삼정제도의 폐해와 관리들의 부정부패가 하도 심해 백성들의 삶이 매우 궁핍해져 있는 상황을 말함과 함께 세상을 깨끗하게 만들고자 하는 농민들의 염원을 담고 있다.

노래는 '참'이라고 한다. 이 노래를 두고 하는 말인 것 같다. 노래 속에 담긴 농민들의 아픔과 진주정신을 만나기 위해 멀구슬문학회 회원들과 함께 진주농민항쟁의 발상지를 찾아 떠났다. 탐방은 최초 진주농민항쟁의 뜻을 모은 곳(나동면 내평마을)-류계춘 선생 묘소(대평면 당촌마을 뒷산)-진주농민항쟁기념탑(수곡면 창촌마을)-동학혁명군 위령탑(하동군 옥종면 북방리 고성산) 순서로 했다.

## 동학혁명의 도화선이 된 진주농민항쟁

〈조선 말기에 조세제도가 문란해지고 수령과 아전의 비리와 토호의 수탈이 심해지자 이에 대항해 주민들이 장시를 철거하고 집단 시위에 나서게 되었다. 진주농민항쟁은 1862년 2월 14일 덕산장 공격을 계기로 진주목 전 지역으로 확산하다가 2월 23일 농민군이 해산함으로써 일단락되었다. 이 항쟁의 핵심 세력은 농민, 그중에서도 초군(樵軍·나무꾼)이었다. 이 항쟁을 이끌었던 지도자로는 양반 출신의 류계춘 등이 있었다.

이 항쟁을 계기로 농민항쟁은 삼남지방을 비롯한 전국으로 확산되었다. 이는 단순히 수탈에 대한 불만에 의해 폭발되었던 것만은 아니다. 그 밑바닥에는 당시의 사회 체제를 바꾸려는 운동의 흐름이 있었다. 이런 경험을 바탕으로 농민층의 사회운동은 더욱 거세어져 32년 뒤 1894년 동학혁명으로 이어지고 이어 일제시대 농민운동으로 발전해 간 매우 중요한 사건이다.〉

이러한 진주농민항쟁은 세상을 바꿔 놓는데 큰 역할을 했다. 먼저 류계춘 선생 등이 모여 항쟁을 논의했던 곳인 나동면 내평마을을 찾았다. 마을은 진양호 물밑에 잠겨 있고 농민운동에 참여했던 이명윤 선생 가문의 재실만 호숫가에 남아 있다. 맑은 호수는 한 마디 말도 없이 윤슬만 반짝이고 있었다. 뜻을 함께 했던 동지들의 비밀을 지금까지 지키고 있는 듯한 느낌이 들었다. 진수대교를 건너 수곡 방향으로 4km 쯤 되는 지점인 수곡과 대평 갈림길에서 수곡 방향으로 200m 정도 와서 대평면 당촌마을 뒷산에 있는 류계춘 선생 묘소를 찾았다. 경상대 김진형 교수로부터 전화통화로 자세한 안내를 받은 덕분에 선생의 묘소를 쉽게 찾을 수 있었다. 처음 찾는 탐방객들을 위해 표지판을 세워 두면 좋겠다는 생각이 들었다. 추석 직전이라 후손들이 벌초를 깔끔히 해 놓았다. 무덤 왼켠에 진주농민항쟁을 이끈 류계춘 선생의 묘비가 세워져 있고, 묘비엔 선생께서 직접 지어 부른 민중가요인 '이걸이 저걸이'가 새겨져 있었다. 필자의 은사님이신 시인이자 소설가인 정동주 선생께서 지은 비문을 서예가 윤효석 선생이 단아한 글씨체로 써 놓았다.

류계춘 선생의 묘소에서 진주농민항쟁 기념탑이 세워진 창촌까지 자동차로 약 20분 정도 걸렸다. 탑을 세워놓은 공원은 당시 수곡 장이 서던 곳으로 항쟁이 시작되기 전인 2월 6일 많은 민중이 모여 항쟁의 방향과 세 확산에 대해 의논했던 중요한 장소다. 우뚝 솟은 기념탑은 밑동이 나선형의 계단으로 되어있다. 그 계단을 밟고 하늘로 올라가 사람이 곧 하늘이라는 항쟁의 정신을 구현해 놓은 것 같은 느낌이 들었다. 기념탑 주변에는 거사에 참여해 목숨을 잃은 민초들의 이름을 새긴 표석이 기념탑을 울타리처럼 에워싸고 있었다. 목이 잘린 채로 끝까지 자신들의 꿈을 지키려는 의지가 담겨 있는 듯해 콧등이 찡해왔다.

수필_ 박종현

사람이 곧 하늘이다

기념탑 옆에는 정동주 선생께서 쓴 시 '하늘 농부'가 빗돌에 새겨져 있다.

농사는 하늘 뜻 섬기는 일/ 농부는 사람을 섬기는 하늘이외다/ 하늘보고 침 뱉지 말라/ 사람이 곧 하늘이니/ 人乃天(인내천)·人乃天

　진주농민항쟁이 박제된 역사로 묻힐 수도 있었던 것을 정동주 선생이 〈백정〉이란 대하소설을 통해 살아있는 역사로 소생시켜 놓았다. 진주농민항쟁을 동학혁명의 불쏘시개로 자리매김해 놓았을 뿐만 아니라, 반란군이란 오명을 벗겨 정의와 진실을 위해 목숨 바친 농민군을 거룩한 순교자와 같은 반열에 올려놓았다. 진주농민항쟁 기념탑 옆으로 흐르는 덕천강 건너편 하동 옥종면 북방리에 있는 고성산 이마에 우뚝 솟은 동학혁명군 위령탑의 햇불이 필자를 부르고 있었다. 동학혁명 때 서부경남 농민들이 고성산성에서 일본군에 저항하다 농민군 186명이 전사한 곳이다. 마침 눈시울을 붉힌 해가 뉘엿뉘엿 지고 있었다. 이땅의 그늘진 역사를 가을볕에 내걸며 '사람이 곧 하늘'임을 일깨워 주신 은사님을 뵈러 사천시 용현을 향했다.

**박종현**

창녕 출생
1990년 《부산일보》 신춘문예, 1992년 《현대문학》 추천 등단
시집 『쇠똥끼리 모여 세상 따뜻하게 하는구나』 외 다수
명상수필집 『나를 버린 나를 찾아 떠난 여행1,2』
제2회 박재삼사천문학상 등 수상

# 시(詩)로 만나는 진주

박혜원

나는 진주에 얽힌 경험이 그렇게 많질 않다. 경남에서 가장 북쪽인 거창이 고향이라 지리적으로 대구나 전라도가 더 가깝고, 게다가 여러 이유로 나의 머리는 늘 서울을 향해 있었던 것 같다. 그런 나에게 진주를 각인시킨 것은 시(詩)였다.

수주 변영로는 시집 〈조선의 마음〉(1924)에서, 임진왜란 때 진주의 기생이었던 논개가 촉석루 술자리에서 왜장의 목을 끌어안고 남강(南江)에 몸을 날려 죽은 역사적 사실을 바탕으로 시 '논개'를 노래했다.

> 아, 강낭콩 꽃보다도 더 푸른/ 그 물결 위에/ 양귀비꽃보다도 더 붉은/ 그 마음 흘러라.
>
> _ 변영로의 '논개' 중에서

일제강점기의 민족적 분노와 열정을 '양귀비꽃보다도 더 붉은 그 마음'으로 그려내, '강낭콩 꽃보다도 더 푸른' 빛으로 흐르는 남강의 흐름에 대비함으로써 도도히 흐르는 우리의 역사를 상징적으로 보여주었다. 그리하여 민족적 패배감에 젖어 있는 식민지 백성들에게 논개의 우국충절을 보임으로 민족의식을 고취시켰던 것이다. 이처럼 진주는 강렬한 색채를 지닌 논개의 충절이 남강에 거침없이 흐르는 이미지로 나에게 다가왔다.

그러나 개인적으로는, 아릿하고도 아련히 진주를 떠올리게 만든 시는 박재삼의 '추억에서'이다.

수필_ 박혜원

　사실 박재삼의 고향은 진주가 아니다. 그는 일본 도쿄(東京)에서 태어났다. 그런데 요즘 시인 박재삼을 부각시키는 곳은 삼천포(지금은 행정 상 사천)인 것 같다. 삼천포 곳곳에 그의 시가 있고 삼천포 항구 바로 옆 노산공원에는 그의 생애를 기리는 박재삼문학관이 있다. 문학관 안에는 시인의 방이 있고, 거기엔 시인이 쓰던 책장과 생전에 읽던 책, 친필 메모원고지, 그리고 안경, 만년필 등이 있다.
　시인의 유년은 가난했다. 그의 시에서는 그 시절의 상처가 배어나온다.

　　　진주 장터 생어물전에는 / 바닷밑이 깔리는 해 다 진 어스름을, //
　　　울엄매의 장사 끝에 남은 고기 몇 마리의 / 빛 발하는 눈깔들이 속절없이 /은전(銀錢)만큼 손 안 닿는  한이던가 / 울엄매야 울엄매, //
　　　별밭은 또 그리 멀어 / 우리 오누이의 머리 맞댄 골방 안 되어 / 손 시리게 떨던가, 손 시리게 떨던가, //
　　　진주 남강 맑다 해도 / 오명 가명 / 신새벽이나 별빛에 보는 것을, / 울엄매의 마음은 어떠했을꼬, / 달빛 받은 옹기전의 옹기들같이 / 말없이 글썽이고 반짝이던 것인가.[1)]
　　　　　　　　　　　　　　　　　　　　　_ 박재삼의 '추억에서'

　어물(魚物)장사를 했던 어머니는 멀리 진주 장터로 출퇴근하느

---
1) 박길제, 오연경, 표영조 엮음, [국어교과서 작품읽기], 창비, 2010.11. 46쪽

라 신새벽에 나가서 별밤에나 귀가했던 모양이다. 해질 무렵이 되어도 아직 팔다 남은 생선이 있어, 돈 대신 한(恨)만 쌓이는 장사였다. 어린 아이들은 골방에서 머리를 맞대고 추위에 떨며 엄마를 기다렸다. 별을 향해 작은 손을 내밀어보지만 시리기만 하다. 그런데 그런 가난하고 서러운 삶 곳곳에 반짝이는 빛이 스며들어있다. 해 다 진 어스름 빛, 그 빛을 되비추는 물고기 눈깔의 빛, 몇 개 안되는 동전에 비치는 빛, 골방에서 바라보는 별빛, 옹기에 비치는 달빛, 새벽빛과 별빛에 출렁이는 남강의 윤슬과 그리고 울엄매 눈가와 마음에 번지는 빛….

  나는 이 시 한 편으로 인해 진주의 남강을 생각하노라면, 가난하고 고단한 삶 속에서도 서럽지만 아름답게 찰랑거리는 물빛들이 반짝인다는 사실을 생각하게 된다. 그리고 그 빛을 따라 다리를 건너는 어머니의 사랑과 그 사랑을 그리워하는 인간의 근원적 향수를 떠올리게 된다. 그리하여 삶의 고비에서 지치고 힘들 때면, 한 많은 울엄마가 눈물어린 눈빛으로 신새벽에나 바라보던 그 남강의 물빛을 바라보며 위로받고 싶은 것이다.

**박혜원**

거창출생
1994년 《청구문화제》 수필 대상
1999년 《세기문학》 소설 등단
수필집 『그 길 위엔 여전히 바람이 불고 있다』
소설집 『비상하는 방』

# 진주의 1950년 7월 31일과 9월 26일

배대균

1950년 6월 25일(일요일) 새벽 4시, 북한 김일성은 돌연 38선을 넘어 남침을 자행했다. 준비 없는 우리는 밀렸으며, 가열찬 적들은 7월 31일 진주를 점령하니 남침 한 달 5일만이었다.

인민군 6사단(사단장 방호산)의 진주점령은 자못 별났다. 그들은 6월 25일 새벽 개성, 해주, 옹진반도를 장악하고 이어 임진강과 한강을 도하한 후 28일 영등포를 접수했다. 그 후 6사단은 어디론가로 종적을 감추었으며 정보당국은 당황했다. 그러던 7월 31일 진주가 넘어가니 그때서야 6사단의 정체가 드러났다. 대구의 워커장군은 깜짝 놀랐으며 부랴부랴 상주에서 대구를 지키던 미25사단을 마산으로 이동배치 했다. 당시 워커는 미8군사령관이요, 대한민국 국군과 한국에 파견된 연합군 총사령관이었다.

인민군 6사단은 행군의 달인들이었다. 그들은 1934년 1년동안 24개의 강과 18개의 거산을 넘어 9,600km를 행군(대장정 long march)한 모택동 홍군의 후예들이었다. 사단장은 물론 전원 조선족으로 구성된 항일독립군이요, 공산중국의 인민해방군 166사단이며 6·25전쟁 1년 전에 김일성 군대가 되었다. 적들은 야간에 이동하고 대포 등 중장비는 소수의 트럭으로 밤새워 피스톤 운송했다.

7월 31일 이전의 진주는 조용했다. 대전전투에서 후퇴한 미24사단 19연대와 7월 25일 오키나와에서 황급히 달려온 축소된 미29연대 전투단 그리고 김성은 해병대 대대와 민육군부대가 함양지역에서 지연전을 펼치고 있었으며, 그것이 모두였다.

7월 24일 남원에 이른 6사단 본류는 순천으로 우회하고, 목포 등지로 진출한 병력들과 7월 26일 합세했다. 하동을 공략하기 위함이었다. 같을 날 뮤러는 하동으로 부임한 영남관구사령관 채병덕 소장의 방문을 받는다. 채병덕은 몇일 전까지 대한민국 육군참모총장이었으며 서울함락의 책임을 물어 이름뿐인 영남관구사령관으로 7월 26일 하동에 막 도착했다. 그는 바로 즉시 진주의 뮤러를 찾아갔으며, 뮤러에게 미군 병력을 하동으로 진출시켜 배수진을 친 후 진주를 방어해야 된다면서 제안했다. 뮤러는 몇일전에 한국으로 부임했으며 채병덕의 말을 반신반의 하면서도 장군의 명령으로 받아들였으며 미29연대 3대대를 하동으로 급파했다. 이때 채병덕은 안내역을 맡았다.

29연대 3대대는 7월 27일 아침 하동 동쪽 쇠고개에 이르고 사방은 죽은 듯 고요했다. 그러나 아니었다. 아주 근거리에 국군복장을 한 1개 소대병력이 돌연 출현했으며 놀란 채병덕은 국군인가 인민군인가로 소리쳐 물었다. 바로 그때 한 발의 총성이 울리고 채병덕은 현장에서 전사한다. 연이어 1개 대대의 적병들이 출현하고 3대 대장, 참모장, 정보장교가 부상하고, 중대장 2명이 행방불명되었으며, 살아남은 작전장교는 남은 60명의 병사들을 데리고 진주로 철수했다. 그들이 진주에 도착했을 때는 팬티만 입고 M-1소총 1정과 권총 1정이 모두였다. 한편 하동 노량으로 후퇴한 I중대원 등 99명은 어선을 타고 여수로 향했으며 한국해군함정이 구조하여 부산으로 돌아갔다.

훗날 채병덕의 하동전사는 의문투성이였다. 2성장군이자 직전 육군참모장이 1개 대대 병력의 길잡이를 자청했으니 음모론이 제기되고, 그것은 지금까지 분분하다.

하동을 확보한 6사단은 7월 31일 3방향으로 진주를 공격했다. 제1진은 진주 서북쪽에서 오솔길을 따라, 제2진은 도시의 북동쪽의 주도로를 따라, 제3진은 진주 남쪽의 철길을 따라 탱크를 앞세운 채 공격해왔다. 진주방어의 주력 19연대는 7월 20일 대전전투 중 사단장(딘 소장)을 잃는 등 지쳐있었으며 병력은 통틀어 2천명이 채 안되었다. 미군 병사들은 한국의 산악전투에 익숙하지 않고, 지원부대 29연대는 사병들이며 공용화기 재원사격마저 이루어지지 않았다. 뮤러는 7월 31일 아침, 단숨에 진주를 넘겨주고 8월 1일 함안군 군북면으로 후퇴했다.

그 후 진주는 근 2개월간 공산치하에 있었으며 인민군 6사단의 마산공략 전진기지였다. 마산으로 이동배치된 미25사단은 함안군을 주 무대로 근 2개월간의 힘겨운 방어전을 치르고 있었다. 그러던 9월 15일 맥아더 장군의 인천상륙작전 성공으로 적들은 보급선이 끊어지고 후퇴를 시작했다. 미25사단은 진주를 향하여 진격했으며 남강의 두 곳에 수중보를 건설하고 곧이어 진주 시내를 장악했다. 그 날이 9월 26일이며 진주를 빼앗긴지 두 달 만이었다. 적들은 수세에 몰리고 개 끌듯 북동쪽 산악지대로 사라졌다.

**배대균**

진해 출생
1991년 《한국수필》 등단
수필집 8권, 번역문학 등 8권

수필_ 배소희

# 아름다운 동행

**배소희**

　8년 전 봄, 꽃 피는 것을 애써 외면한 적이 있었다. 거리의 나무마다 꽃봉오리가 맺혀 있거나 꽃잎을 열려고 할 무렵 '꽃 피지 말아라. 피어서 쉬이 지거들랑 그냥 그렇게 입을 꼭 다문 채 조금의 희망도 꽃 피우려 들지 마라.'고 속으로 애원한 적 있었다.

　종합병원에서 형부와 함께 걸어오는 언니의 모습이 무척 수척해 보였다. 몇 달 전부터 다리가 아프다며 한의원과 정형외과에서 침을 맞고 주사를 맞으러 다녔지만 차도가 없어 종합검진을 받으러 온 것이다. 그런데 그 병원에서 결과가 좋지 않아 정밀검사가 필요해서 규모가 더 큰 종합병원으로 갔다. 세 사람의 마음은 무척 무거웠다. 결국 듣고 싶지 않은 결과가 나왔다. 많이 진행된 암이어서 서울의 암 전문병원으로 가야한다는 의사 선생님의 말을 들었다. 순간 흘러내리는 눈물을 언니에게 보이고 싶지 않고 의사의 말을 인정하고 싶지 않아 창밖으로 얼굴을 돌렸다. 병원 차창으로는 온통 연분홍 벚꽃이 피어 꽃 천지였다. 몇 달 후 꽃이 질 무렵 언니도 함께 질지 모른다는 막연한 불안감이 우리를 슬프게 했다. 벚꽃이 바람에 휘날려 꽃비로 내리는 창밖 풍경을 보는 언니의 눈빛도 처연했다.

　언니는 각오를 한 듯 비장한 표정으로 의사 선생님에게 아무 연고 없는 서울에서 치료받지 않겠다며 지방 암센터에서 전문의를 추천해달라고 사정을 했다. 많이 진행된 암이라 언니와 함께 할 시간이 많이 없을 것이라는 생각이 들었다. 허벅지 뼈에 골육종이 많이 진행되어 다리를 수술할 수도 있을 것이라는 말을 듣는 순간 언니의 간병을 함께해야겠다는 생각이 들었다. 슬하에 자녀도 없는 언니는 평소에도 형제자매 중 유일하게 나를 좋아했다. 나를 의지하는 언니를 보며 되도록 많은 시간을 함께 보내며 간호에 신경을 써야겠다는 결심을 했다.

우리의 동행은 이렇게 시작되었다. 다행히 언니는 좋은 의사선생님을 추천받았다. 진주 지역의 암 전문병원인 k대종합병원이었다. 서울 암 전문병원에서 내려온 전문의를 소개받았다. 수술하지 않고 12번의 항암치료와 방사선 치료를 받자고 했다. 힘들지만 포기하지 말고 자신을 믿고 따라와야 한다는 강력한 의사의 말을 듣고 세 사람의 동행은 말 없이 강행군을 하게 되었다.

힘든 항암치료가 끝날 때까지 하루도 빠짐없이 마산에서 진주로 언니를 보러 갔다. 간병인이 간병을 하지만 언니는 자신의 곁에 내가 몇 시간이라도 있어주기를 원했다. 손을 잡아주며 용기를 주는 동생이 함께 있어 주는 것을 무척 좋아했다. 형부도 날마다 병원에 갔지만 경제 활동상 오래 머물지 못했다. 내가 몇 시간동안 병실에 머물면서 곁에만 있어 주어도 언니에게는 큰 힘이 되는 것 같았다. 때로는 항암치료가 너무 힘들어 의식이 가물가물하고 뒤돌아 누워 눈물을 흘려도 내가 곁에 있으면 이겨낼 수 있다고 하는 언니를 하루도 보러 가지 않을 수 없었다. 때론 30분 동안 얼굴을 잠시 보러 가더라도 마산에서 진주까지 왕복 두 시간의 차를 타고 갈 때가 많았다.

그 해 봄 진주로 가면서 많은 꽃들을 보았지만 애써 외면했다. 화사하게 피는 꽃들을 공연히 미워한 봄날이었다. 어쩌면 꽃들의 속 울음을 본 것도 그때였다. 봄바람에 하늘거리며 날아가는 꽃잎을 보며 그네들의 속울음을 본 것이다. 유난히 꽃이 많이 핀 봄날이었다.

휠체어를 타고 입원했던 언니가 걸어서 그토록 오고 싶었던 보금자리로 돌아왔다. 기적 같은 일이라며 담당 의사 선생님은 말했다. 언니는 많은 사람의 기원과 사랑하는 가족을 위해 힘든 항암치료를 잘 이겨 냈던 것이다. 꽃이 피는 것을 두려워서 화사한 꽃길을 외면했던 언니는 이제 꽃이 아름답게 보이기 시작한다고 했다. 퇴원한 언니와 처음으로 근처에 있는 편백나무 숲길에서 걷기 운동을 하기로 했다. 1년 만의 봄날 외출이었다. 세 사람은 나란히 걸었다. 힘겨운 동행에서 멋진 동행의 첫걸음이었다.

언니는 다음 해 벚꽃이 화사하게 핀 따스한 봄날, 손수 만든 갖가지 반찬을 가지고 휠체어가 아닌 걸어서 우리 집으로 왔다. 갖가지 봄나물과 감자조림, 멸치조림, 쑥국 등을 정갈하게 여러 반찬통에 담아서 왔다. 언니는 병원 생활을 하며 음식을 거의 먹지 못했다. 병원에서 회복이 되면 집에서 자신이 좋아하는 반찬을 만들어 먹는 것이 소원이라고 했다. 퇴원 후에는 언니는 장을 보고 반찬을 할 수 없었기에 내가 자주 언니 집에 가서 장을 보고 반찬을 만들어주고 왔다. 그런데 지금은 몸이 많이 회복되어 언니가 직접 먹고 싶은 반찬을 만들어 먹는다. 그러다 내 생각이 가장 많이 난다며 7년이 지난 지금까지도 일주일에 한 번씩 반찬을 가져다준다.

이런 일이 있으리라고 생각지도 못했다. 휠체어를 타고 진주 K병원에 입원했던 언니가 지금은 잘 걷고 있으며 친구들도 만나고 일상생활을 어느 정도 하고 있다. 양손 가득 자신이 정성껏 만든 반찬을 들고 우리 집으로 가져오는 동안 무척 행복하다고 말하는 언니를 보며 지난 날 힘겨웠던 시간이 꿈만 같다. 지금까지 주어진 모든 상황을 돌아보며 모든 것에 감사하는 마음이 들었다. 세상에 모든 것은 풀과 꽃처럼 시간이 흐르면 시들거나 지게 마련일 것이다. 자신에게 주어진 마지막 시간이라고 생각하며 힘든 시간을 잘 이겨낸 언니를 곁에서 계속 지켜주고 싶다.

언니는 아직 완치는 아니어서 밤이면 다리가 붓고 아프지만 지금의 상황에 감사한다고 말한다. 어느 때처럼 시장을 보러 가고 맛있는 반찬을 만들고 좋아하는 사람을 만날 수 있는 평범한 일상에 무척 감사하고 행복하다고 한다. 지금도 6개월에 한 번 진주에 진료를 받으러 간다. 진주 가는 길은 언니에겐 부활의 길이며 동행의 길이다. 언니는 내가 동행했듯이 지금 암과 동행을 하고 있다. 어쩌면 끝까지 함께할 친구일 지도 모른다. 친구처럼 암을 잘 다독이며 그와도 아름다운 동행이었으면 좋겠다. 언니의 동행은 언제 끝날지 모르지만 우리와 아름다운 동행이 오래 함께하길 바라고 싶다. 진주가는 길이 언니와 나에게 꽃길이길 기원해본다.

질경이도/ 낮은 제비꽃도 /점점 기울어가는/그녀의 왼쪽 발걸음을/살며시 비껴주곤 한다 //종종 침묵하는 새 울음소리들/귀 기울이며/여기저기 산란하는/새 발자국의 낡은 기억들을/끊고 싶다고 한다 그녀//때로는 난독보다 오독에 기대어/살고 싶을 때가 많지만//점점 하얗게 구멍을 내는 호반새떼//달래고 쓰다듬으며/떼 지어 호수로 날아가고/누군가의 공손한 무릎에서/발끝으로/꾹꾹 피어나고 있었다//

_ 발끝에서 피는 암꽃, 전문
-언젠가부터 그녀의 무릎에는 작은 호반새가 깃들어 살고 있었다.

병원에서 퇴원한 언니와 편백나무 숲길을 걸으면서 느낀 감정을 써 내려간 시가 생각나는 봄날이다. 작은 호반새가 깃들어 있는 숲이 그립다.

**배소희**

부산 출생
1997년《경남문학》, 2000년《현대수필》, 2017년《시와시학》등단
수필집 『사랑길』 시집 『편백나무 숲으로』
마산대학교 평생교육원 〈배소희의 수필창작교실〉 외래교수

# 일본을 얼마나 아십니까

서정욱

여행이란 항상 새로움에 대한 기대감에서부터 시작된다. 무엇을 볼까, 어떤 음식을 먹었을 수 있을까 하는 호기심도 한몫한다. 이번 여행지는 우리 창원처럼 일제강점기 시절 바다 매립과 농수산물 수탈로 역사적 아픔을 간직하고 있는 보성군이었다.

세월의 흐름에 따라 이런 슬픈 역사도 우리들의 가슴속에서 하나둘 사라지고 있다. 우리가 여기에 온 목적도 그 아픔을 되새겨 보면서 새로운 희망을 찾기 위해서이다.

일제강점기 시절 민중들은 무자비한 수탈로 고향 땅을 등지고, 인간적인 최소의 삶마저도 포기해야 했었다. 이런 슬픈 이야기와 한이 서려 있는 벌교 땅, 소설의 주 무대가 되는 것은 자연스러운 일이다.

이번 여행의 주된 장소는 태백산맥 문학관과 꼬막 식당, 보성 녹차밭이었다. 태백산맥 문학관과 꼬막 식당은 전국적으로 유명하여, 많은 사람이 한두 번 정도는 견학도 하고 맛을 보았던 곳이기도 하다. 보성 녹차밭도 선전이나 사진에 많이 나온 곳이기는 하지만, 개인적으로는 처음이라 기대감이 컸다.

창원에서 출발하여 진주를 거쳐 온 버스는 어느덧 태백산맥 문학관에 도착하였다. 오래전에 방문한 곳이기는 하나 막상 도착하니 옛 기억이 가물가물하다. 처음이 아니라서 그런지 문학관보다 인근의 '현부자 집과 소화의 집'에 관심이 더 갔다.

'현부자 집'은 제석산 중턱에 있는 건물로 중도 들녘을 내려보면서 농민들을 수탈한 현장이기도 하다. 집안에 들어가 보니 집 구조는 한옥을 기본 틀로 하면서 일본식을 가미한 색다른 건물이었다. 당시 집안에 목욕탕까지 설치해 놓고, 친일파들이 모여 술놀음을 한 비극의 장소였다고 했다. 친일의 현장이라 그런지 집안의 분위기는 쓸쓸함과 적막감만 감돌았다.

『태백산맥』소설을 읽은 적이 너무 오래되어 이제는 내용도 희미하다. 이 대하소설은 '일제(日帝) 수탈과 민족 분단'이라는 시대적 아픔을 적나라하게 표출한 작품으로 많은 사람에게 공감을 불러일으켰다. 필자 역시 책을 보았을 때 많은 공분과 시대적 아픔을 느꼈다. 문학관 내부에 있는 육필 원고와 필사본, 번역판 태백산맥을 보면서 한 명의 문인으로서 감명과 부러움이 앞섰다. 1층 전시실에서 바라본 '백두대간의 염원'이라는 벽화도 새로웠다. 우리 창원에도 이런 문학관이 하나 정도 있었으면 좋겠다는 욕심도 생겨났다.

문학관 관람을 마치고 벌교읍 식당으로 갔다. 식당가의 풍경은 예전 그대로의 모습이었다. '꼬막 조각상과 부용교' 등을 보니 예전에 아내와 함께 다녀갔던 기억이 새록새록 떠올랐다. 식당 입구에 들어서니 꼬막 요리에서 나는 고소한 참기름 냄새가 진동했다. 이곳의 꼬막 맛은 전국 최고로 육질이 단단하고 쫄깃하다. 식당의 메뉴도 다양하여 꼬막무침, 삶은 꼬막, 꼬막전 등을 맛볼 수 있어 좋았다. 그보다도 꼬막과 함께한 막걸리 한잔은 여행의 흥취를 돋구었다.

식사를 마치자마자 보성 녹차밭으로 이동했다. 오월의 한낮은 여름과 별반 차이 없이 따갑고 사람을 나른하게 했다. 녹차밭 입구의 삼나무 숲길은 시원할 뿐만 아니라 운치까지 있어 좋았다. 이곳도 "일제강점기에 조성되었으나 해방 이후 한국전쟁까지 폐허로 남아 있다가 1957년에 새롭게 개발되었다."고 해설사가 소개했다.

우리의 관광지는 대부분 역사적인 아픔이나 슬픈 사연을 간직하고 있다. 이제는 이런 이미지를 탈피하여 역사와 전통이 살아 있는 멋진 곳으로 반전시키면 어떨까. 보성 녹차밭이 좋은 사례가 될 것으로 판단된다. 역사를 잊자는 것이 아니라 미래를 위해 새로운 관점으로 세상을 바라보고 이야기하자는 것이다. 21세기 국제교역장에서는 식민주의 역사까지도 상품화하고 있다.

현재 한국은 K-POP과 한류 문화 등을 통해 세계의 주변부 문화에서 중심부 문화로 자리매김하고 있다. 옛말 '온고이지신(溫故而知新)의 정신을 교훈 삼아 미래의 삶을 개척해야 한다. 이제 우리도 '세계 속에서 한국'이라는 큰 틀에서 이야기하고 평가 되어져야 한다.

어느 날 문득 일본에 대해 우리가 얼마나 알고 있는지 의구심이 생겼다. 필자 자신도 일본인을 '쪽발이'하면서 얕잡아보기도 했지만, 그들을 이해하고 알려는 노력은 거의 없었다. 일본에 관한 공부를 제대로 하지 않고 무조건 감정적으로 무시하려고만 한 것이 아닌지 자못 의심스럽다.

전 문화재청장이자『나의 문화유산 답사기』저자인 유홍준 교수는 "일본인 말을 빌리면 '일본을 세계 사람들이 존경하는데 오직 한국 사람만이 우리를 무시한다.'고 했다. 한국인들도 '일본 고대 문화는 우리가 다 해 줬어.'라고 주장한다."고 했다.

이에 대해 유 교수는 "일본은 한국에 대해 고대사 부분에 콤플렉스가 있고, 우리는 근대사 부분에 대해 콤플렉스가 있다."고 했다. 이런 부분들에 대해 우려를 표명하면서 미래를 위해 서로가 생각을 고쳐 나가야 한다고 했다. 이제 양국은 색안경을 벗어 던지고 역사적 진실만을 직시하면서 상호 협조하에 공동의 번영을 추구해야 할 것이다.

보성 녹차밭은 사진이나 인터넷에서 보았던 대로 멋있었다. 계단식 녹차밭은 마치 바다의 파도 물결처럼 보였다. 일행들의 찬사는 사진으로 이어졌고, 곧장 푸른 녹차 숲속으로 빠져들어 갔다. 더위에 지친 사람들을 달래주던 산들바람은 차나무마저 흔들어 깨워 온 골짜기를 녹차 향으로 가득 채웠다. 하산하면서 차나무의 새순을 뜯어 맛을 보니 진한 차향이 입안에 추억으로 남았다. 앞으로 녹차 한 잔도 그 안에 스며있는 자연과 농부의 노고를 생각하며 마셔야겠다는 생각을 슬쩍해 보았다.

　시간은 항상 제한 되어있는 법, 아쉬움을 뒤로 하고 귀향길로 접어들었다. 이번 여행을 통해 세상과 미래를 올바로 볼 수 있는 새로운 계기가 되고, 능력을 겸비하고 싶어졌다.

**서정욱**

창원 출생
2019년 월간 《문학세계》 등단
경남대학교 대학원 졸업(정치학박사)

# 너우니

손정란

여게 함 보래이.

'너우니'는, 겡남 진주의 널븐 강을 건디는 나리터의 순우리말인 기라. 예도옛적에는 나릿선을 타고 건디가야 하동이랑, 순천, 곤양을 갈 수 있었다꼬 항께 사람들은 그 나리터를 광탄진(廣灘津)이라 했제. 진주로 들고나는 질목이라 하이 '널문이'라꼬 부림시로, 땅이 널찍칸 널문(板門) 모냥 같응께 이 마실을 '판문동'이라캣다 아이가.

아다시피 진주에는 물을 가다가꼬 엄청시리 큰 물그륵으로 맨든 진양호 그 에전에 판문동캉 귀곡동의 옛날 이름이고. 경호강캉 덕천강 물이 구비침시로 심차게 내달리오다 가다논 물캉 보태지면서 비잉도는 곳이었다네. 갑오년(1894, 고종 31) 진주동학군이 일났던 역사 햄장이었다카더마는 물속에 소로시 잠기삣다카이. 그라이 '너우니'는 '넓은 여울이 있는 나루'라는 뜻으로, 널븐 펭지에서 그 이름이 생깄다 쿠더라꼬.

애럽것지만 한분 더 말하자몬 조선 인조 때 맨든 『진양지』에 광탄진을 남강의 원줄기가 시작된 그짜로 보고 있다꼬. 덕유산에서 첨 문지로 생긴 남천수와, 지리산에서 초꼬슴으로 생긴 덕천수가 따리 진주로 흘리들면서 두 물줄기가 보태진 곳을 광탄진이라고 적고 있잉께.

갑진년(2024) 벚꽃이 천지삐까리로 하르르 나리던 하룻날. 전망대 야페로 소원을 들어준다쿠는 삼백예순다섯의 나무쪼가리 일 년 계단을 오리다 무다이 디돌아봤지. 호수 너머를 찬차이 건니보고 있으모 접접으로 비이는 지리산이랑 와룡산, 자굴산, 금오산이 예스럽더라.

멀기 있는 거이 쪼맨해 비고, 개적게 있는 거이 커 비는 원근법의 원리사 핵교 댕길 때 미술시간에 올키 배웠제. 시상 안팎 두리두리 재보몬 눈질에 멀수록 더 개적고 크게 비는 호수와 섬, 숲이 아람다운께 계미년(2003) 〈하늘정원〉의 영화가 찍히기도 했더라.

아요. 저 허벅진 벚꽃이거나 다사로운 햇살이거나 보디라운 명지바람이거나 그짜에 모이드는 벌 나부거나. 하눌과 땅 새를 저리도 한하게 피고짐시로 운제꺼정 사라지지 않을 진진 역사라네.

그렁깨네 와 안 잊이삐고 있는지 모를레라. 기유년(1969) 고등핵교 이학년 봄 소풍 가는 날인갑다. 학상 시절의 소풍은 이 나이를 묵어서도 거립어서 모디모디 기억으로 남는 추억이라꼬. 삼월 새학기가 되면서 요리조리 바꽈지는 반 친구들캉 새 담임선생님과 항꾸네 가는 첫 봄나들이라. 짐밥 꽁다리꺼정 담은 도시락, 청냥음뇨 한 벵, 살믄 개랄 두세 개.

핵교 운동장은 일치근이 들뜨가 전교생이 재불기리고. 얼매쯤 있잉께 '에~오널 소풍 장소는 너우니다. 소풍도 하로 공부고 고육할 동이니 아모 일 업시 질겁게 지내다 오기를 바란다'는 교장 선생님의 말씸을 귓등으로 듣다가, 두 줄 날나라이 교문을 나서자마자 몇몇은 실그머이 짤래비앤경도 씨고.

미금이 뿌옇게 날리고 자동차나 뻐스가 지나다니는 질을 따라 두어 시간 남짓이 걸어가모 너우니에 다다른다. 그라고 열두 시까정 마린 모래톱에 지절로 나서 자란 강풀이거나 돌뭉시를 디비는 보물찾기를 하고 나모 쎗바닥이 깨금을 띠는 점섬때제.

종달이 높이 오린 하놀에는 새터래기구룸, 저만치서 생명의 물질로 흐리는 강물은 너울너울 흐리다 바구를 만내믄 철썩, 소리 한분

지르다가 다부 가만가만 흐리고. 찌리찌리 도리하이 안자가 묵는 짐밥은 깨소곰 맛이라. 지끼미 가꼬온 까자나 가실도 서리서리 갈라묵기도 하고. 짐밥 묵고 물이 써이모 톡 쏘는 청냥음뇨를 홀짝 마시몬 트리미가 끄윽.

이땀가다가 흑백 사진기를 메고 온 친구저태 쪼르르 가가 서리 찍어달랏꼬 쌩난리라. 우째 그리 구신같이 소풍날을 아랏시꼬. 엿장사와 눈깔사탕이랑 어름까자 장사가 강뚝에다 진을 치고 있더라카이.

시상이 암만 배꿔도 진주 사람들에게는 그양 '너우니'였니라. 널븐 덜판이 물속에 까라안즌 디에도 진양호에 가자고 하지 안코 너우니에 가자는 말을 했잉께. 이 말이사 너우니에 가모 호수와 공원이 있으이 나들이 가자는 뜻인기라. 진주 팔경 가분데 여덥분째인 즈녁 북살이 설핏하다.

**손정란**

2001년 《경남신문》 신춘문예 수필등단
수필집 『유리 조각 액자』 『찔레꽃머리』
우리말사전 『피어라, 토박이말』
김만중문학상 평론 은상, 진주예술인상 외

# 호수는 잠들지 않는다

신서영

 자욱했던 새벽의 물안개가 따사롭게 퍼지는 햇살에 밀려 바삐 자취를 감춘다. 언제 그런 서러움의 는개를 토했나 싶게 매끈한 매무새로 단장하여 호수는 햇빛에 반짝인다.
 물결의 흔들림과 색깔, 날아드는 철새들로 쉴 새 없이 변화를 거듭하는 호수는 보는 이의 마음을 편안하게 해준다. 호숫가에 앉아서 잔잔히 밀려오는 물결을 보노라면 시간이 정지 되는 듯하다. 쏟아지는 햇살과 물속에 발을 담근 나무들, 그 사이로 술래잡기하듯이 흩어지는 물오리 떼들이 그림속의 풍경 같다. 그 속의 나는 어떤 영상일까. 내가 있어 그림 속의 풍경이 더 아름다웠으면 하는 바람은 욕심일까.
 진양호반의 물은 산청 쪽의 경호강과 덕산을 거쳐 흐르는 덕천강이 두 갈래로 나뉜다. 육안으로 보기에는 한 호수의 물이지만 성분은 다르고 섞이지 않는다고 한다. 잘 어울려 있지만 각기 다른 성향으로 세상을 구성하고 있는 인간사회와 같은 것이다. 그래서 잔잔히 흐르는 강물을 보며 사람들은 순리(順理)를 생각하는 것이리라.
 〈봄〉
 하느작거리는 물결이 젖은 명주 한 필을 풀어헤친 것 같다. 호숫가 드라이브 코스를 바쁘게 오가는 이들에게 여유로움을 뽐낸다. 수채화 물감을 풀어낸 듯이 산 그림자가 길게 누워있다. 잔잔한 수면 위에 발레리나가 맴을 돌며 춤을 출 것 같은 환상에 빠진다. 사춘기 때, 할아버지께서 선물하신 차이코프스키 〈백조의 호수〉의 음률에 맞춰 자석이 붙은 유리 위에서 맴을 돌던 작은 인형이 든 보석상자가 생각나서일까. 아롱거리는 아지랑이가 연둣빛 잎사귀 틈에서 빛난다.

푸근함 속에서 〈다뉴브 강의 잔물결〉의 음악소리가 들리는 것 같아 즐거워진다. 길게 늘어뜨린 강변의 수양버들이 연둣빛 새순을 틔우고 둥지를 틀어 새끼를 낳으려는 어미 새들이 분주하다. 호수 가운데가 거울처럼 매끈하다. 본래 깊은 곳은 흔들림이 적은 탓인가. 뽀오얀 물안개가 피어오르고 호수는 꿈에 잠긴 듯이 고요하다.

가로수의 벚꽃이 환하게 피었다가 빗줄기를 타고 눈처럼 지고 말았다. 조금은 더디 가는 것 같던 청춘의 시기일 때는 모든 일에 슬픔과 기쁨의 기복이 심하였다. 조용해서 좀 능청스러워 보이는 저 호수도 마치 청춘과 같아서 순식간에 표정을 바꾼다. 아카시아꽃 향기에 취해 여유로워 보이는 호수가 한가롭다.

〈여름〉

장마를 시작으로 불어난 싯누런 황톳물로 호수의 물이 넘칠 것 같다. 산속의 계곡에서부터 쏟아져 내려온 쓰레기들로 몸살을 앓는다. 식수로 쓰이는 물이니 내가 버린 쓰레기가 섞인 물을 결국 자신이 먹게 되는 것이다. 밀려오는 물줄기에 쓰레기들은 호숫가로 밀려 나가고 더위를 식히려고 찾아드는 모든 이들을 회색 물빛으로 담담히 받아들인다. 물속의 수초 속에는 온갖 생명체들이 그들 나름의 삶을 영위하고 푸르게 우거진 호숫가의 나무그늘은 지나는 이들의 좋은 쉼터가 된다. 종달새 새끼들의 부산함과 청아한 새소리가 울리지만 호수에 무겁게 내려앉은 회색빛 하늘이 안쓰럽다. 하지만 호수를 보는 것만으로도 시원함을 느끼는 칠월이다.

〈가을〉

높이 나는 새처럼 /그리움을 소리로 낼 때가 있었죠./ 이제는 가슴속에 앙금으로 남아/ 서러움에 쌓여 온 몸으로 앓고는 합니다.

호수의 주변은 조용하다. 간혹 잦아들 듯이 들리는 철새들의 울음소리조차 적막의 벽을 두드리며 흩어져 버린다. 누가 타던 배일까. 작은 쪽배가 풀숲에 밀려있다.

가을이면 나는 빈 배를 타고 싶다. 억새풀 우거진 호숫가에 머물다가 시들어 바스락거리는 풀잎들의 노랫소리에 귀 기울이며 짙푸른 물속의 내 그림자에 취해서 점점이 이슬로 흩어져도 좋겠다. 다행히 좋은 친구 있으면 쓸쓸한 바람소리와 찰랑대는 물소리를 벗 삼아 밤새워 이야기를 나누면 좀 좋을까. 무거운 짐을 다 내려놓고 빈 배에 홀로 앉아서 출렁대는 물결에 몸을 맡기고 이리저리 흔들리며 가을 속에 안주 하고 싶다.

〈겨울〉

거울처럼 매끄러운 호수 위에 청둥오리들이 나래를 펼치며 줄지어 다닌다. 잔물결의 은하수 같은 윤슬에 눈이 부시다. 겨울바다와는 확연히 다른 잔잔함이 오히려 슬프다. 밤새 뿜어내던 그 한스러운 는개는 어디로 간 것일까.

칼바람이 부는 추운 겨울호수를 나는 사랑한다. 물갈퀴를 일으키며 아우성치는 호수의 차가움은 따뜻함을 숨긴 이지적인 여인의 차가운 눈매를 연상시키기 때문이다. 그 차고 매서운 바람을 맞으면 차가운 볼의 감촉에 쓸데없이 끓어오르던 온갖 정염의 팔딱거림이 차분해져서 고즈넉하고 차가운 달빛처럼 마음이 가라앉는다. 온몸의 차가움에 이성의 눈이 뜨이고 사물을 냉철하게 판단할 수 있는 여유가 생긴다.

해질녘의 호수는 본연의 모습으로 돌아온다. 산그늘을 바람에 흔들리운 채 주홍빛 물결이 노을을 끌어안는다.

물은 화합을 의미 한다. 경호강의 물줄기는 세찬 바람을 일으키며 마치 천군만마가 달려오듯이 흰 갈퀴를 세우며 힘차게 흘러 용맹한 남성을 상징하는 듯 하다. 그에 비하면 덕천강은 아무리 추운 날씨라도 찰랑거리며 잔잔히 흘러서 얌전한 여인이랄까. 이렇게 성질이 다른 강물이 모여서 서로 다독거리며 진양호를 이룬다. 그곳엔 물오리가 돛단배처럼 떠다니고 외로움에 지친 왜가리가 긴 목을 주억거리며 갈대숲 사이를 서성인다. 호수는 뭇 생명체의 서식지이지만 때로는 외로움을 달래는 이방인들의 안식처가 되기도 한다.

해가 기울자 지리산 쪽의 먼 산등성이에는 노을이 붉게 타오른다. 한 층씩 계단을 오르듯 천왕봉까지 다다른 붉은 노을빛. 그 맞닿은 곳에 피안의 세계가 나를 기다리는 듯하다.

별빛 나오기 전, 하얗게 질린 호수 빛깔을 보며 먹먹해지는 가슴을 달랜다. 달무리 지는 밤이면 서리서리 맺힌 한을 하얗게 뿜어내어 조용해진 길을 덮고 산을 넘어 밝은 가로등 켜진 시가지까지 뿌옇게 덮어버린다.

잠들지 않으며 쉴 새 없이 변화되는 과정에서 자신을 정화시켜가는 호수 앞에서 가만히 옷깃을 여민다.

**신서영**

진주 출생
2005년 《한국수필》 신인상
경남수필문학회회장, 진주문인협회부회장
수필집 『호수는 잠들지 않는다』
경남수필 올해의 작품집상 수상

# 강강술래와 논개

신애리


'강강술래, 강강술래'
 4층 교실에서는 길게 소리를 빼물고 전라도 육자배기 조의 민요가 흘러나온다.
 "강강술래는 강 건너 술래를 조심 하라는 의미야"
 중모리장단으로 천천히 임진왜란을 승리로 이끈 이순신 장군의 공적을 기리는 노랫말이 4학년 교실에서 바람을 타고 흘러내린다.
 "여러분이 제일 좋아하는 이순신 장군의 호는 뭘까요?"
 "충무공입니다." 평소에 용감한 지연의 목소리가 우렁차게 들려온다.
 강강술래는 진도라는 작은 섬에서 거북선 몇 척으로 수만의 일본 군대를 이긴 전투를 기념하는 놀이다. 군인이 모자라서 여자들이 군인처럼 군복을 차려입고 밤새워 섬을 돌며 적들로부터 섬을 지키기 위해 이 노래를 불렀단다. 여자도 나라를 지키는 일에 앞장을 섰다는 사실을 오래 기억하기 위한 놀이와 노래가 강강술래 속에 담겼다. 나라를 지키는 일이 나라를 사랑하는 일이라고 놀이로 직접 표현하며 즐겁게 노래하고 춤추는 것이 강강술래의 특징이다.
 "장군의 높은 공을 천추만대 빛날세라." "강강술래" 메기고 받는 목소리가 찰랑찰랑 가을 하늘처럼 푸르다.
 "우리 지역에도 위대한 장군님이 계시는데, 호가 이순신 장군과 똑같은 충무공입니다."
 날랜 은미는 '김시민 장군입니다.'라고 외친다. 김시민 장군은 진주성을 지키신 분이지요.

진주성을 지키기 위해 김시민 장군은 성안에서 대항했고, 곽재우 장군을 비롯한 많은 의병은 성 밖에서 일본군대 남자들은 칼과 화살을 들고 여자들은 짐을 나르고 뜨거운 물을 끓여서 성 밖으로 쏟아붓고 주먹밥을 만들어 날랐지. "저희만 한 아이들은요?" 궁금한 것이 많은 마루한은 동글동글한 눈동자를 더 크게 뜨고 바라본다. "어린아이들은 흩어진 화살을 줍고. 작은 돌멩이들을 주워 나르는 것 말고 또 뭘 할 수 있니?" "칼도 들 수 있어요." 용감한 마루한은 긴 자를 휘두르기 시작한다. "그래 마루한은 충분히 잘 할 것 같구나." "말만 들어도 안심이 되네." 여자들과 노인, 아이들 가리지 않고 최후의 순간까지 성을 지키던 모습들을 설명하는 동안 아이들의 눈동자는 더욱 또렷해지고 가끔 성을 내며 분개한다.
　"7만의 사람들이 진주성에서 죽었다고 하는데, 옛날에는 인구가 적었으니 진주성 전체와 주변에 사는 사람들까지 성과 함께 목숨을 잃었다고 봐야겠지."
　"남강 변에 피가 바다를 이루었다고 전해진단다. 논개는 전투에서 살아남은 것을 부끄럽게 여기고 손가락 하나 하나에 가락지를 끼우고 촉석루 앞의 의암이라는 작은 바위에서 왜장을 안고 남강 물에 풍덩 뛰어들었다고 하는구나." 아이들의 표정은 사뭇 비장하고 눈빛은 물기를 머금고 촉촉해진다. "에잇" 마루한은 자를 칼처럼 휘두르고 느림보 서준 이는 책상을 마구 두들기며 소리를 지른다. " 아이씨! 나빠요."

수필_ 신애리

 "그래, 나쁘지. 논개가 물에 빠지고 나서 하느님도 슬퍼하셨는지 그날은 엄청나게 비가 많이 내렸대, 남강물이 넘쳐서 논개의 시신은 지수목이라는 곳까지 둥둥 떠내려갔다는구나. 깊은 밤, 올림픽 때 횃불을 전송하듯이 마을 입구마다 청년들이 기다리고 섰다가 떠내려온 논개의 시신을 건져서 어깨에 올려놓고 릴레이식으로 하룻밤 만에 진주에서 함양까지 달려가서 무덤을 만들었다고 한단다."
 "정말 용감해요."
 "진주성을 쌓은 돌들은 그날의 이야기를 선생님보다 더 잘 알고 있겠지." "아니요. 승병 나무가 더 잘 알걸요?" "임진왜란 때 살았던 나무라서 승병 나무라고 하니까요."
 지혜가 거들어 준다 "아! 그렇구나. 나무한테 물어보자."
 "진주성에 간다면 논개사당에 꼭 인사하러 가야겠지."
 "네! 감사합니다. 하고 올게요." " 용감했어요. 라고, 꼭 말해 줄래요."
 강강술래는 진도 울돌목의 좁고 거친 해로를 거슬러 올라 남해안을 빙빙 돌아들다 남강의 푸른 강줄기를 타며 천천히 숨을 고른다. 강변 한 자락에 자리를 잡은 작은 바위 의암, 그 작은 바위에서 산화된 여린 소녀의 이야기가 아이들의 노랫가락을 타고 흐른다.
 강강술래를 부르다가 노랫말을 바꿔가며 '진주의 높은 성은 임진왜란 유적지라, 논개의 나라 사랑 천추만대 빛날세라 ' 꼬마 작가 은미는 논개를 위한 노랫말을 짓고 마루한은 수업 시간 내내 자를 휘두르며 일본군을 물리치고 있다. 뚱뚱이 서준이의 신들린 고함까지 음악 시간은 느린 중모리장단에서 빠른 중중모리장단으로 배를 바꿔 타며 나라 사랑의 바다로 흘러가고 있다.

수필_ 신애리

**신애리**

기장 출생
2006년《시조월드》시조, 2007년《아시아 문예》수필 등단
수필집『달빛을 보내주세요』시조집『이 뜨거움 어쩌랴』

수필_ 양미경

# 강주연못가에서 다시 읽는 역사

**양미경**

　연못을 가로지르는 데크를 따라 천천히 걷는다. 태양이 떠 있으면 훨씬 화사하겠지만 지금은 구름에 가리어 있다. 저 멀리 연못의 가장자리를 따라 서 있는 오래된 고목들이 흑백의 사진처럼 흔들리며 또 다른 아름다움을 자아낸다. 평일 오후인데도 데크 따라 운동하는 사람들이 제법 많다. 수면 위로 떠 있는 수련들의 자태가 아직은 지난겨울의 흔적을 담고 있지만 봉오리가 커지고 있는 것을 보니 오래지 않아 뜨거운 태양의 에너지를 받아 고운 연꽃을 피울 것이다.
　강주연못.
　관광객들이 즐겨 찾는 진주의 명소는 누가 뭐래도 진주성과 촉석루. 그리고 진양호다. 이번에 오게 된 것은 강주연못의 역사성 때문이다. 얼마 전에야 알았다. 진주성이 존재할 수 있었던 이유도 이곳 강주연못에서 비롯되었다는 것을.
　오래전 사극 '용의 눈물'이 있었다. 아마 당시 최고 인기 드라마였다고 기억한다. 위화도 회군으로 고려를 무너뜨리고 조선을 일으킨 태조 이성계. 중앙집권체제를 도입하고 왕을 세우되 전문정치인이 국가를 다스리는 꿈을 꿨던 정도전. 역시 중앙집권체제를 옹호하지만, 왕권 강화를 달성하려는 야심의 이방원과 이방원을 적극적으로 돕는 하륜. 이들의 긴장감 도는 갈등 관계는 '용의 눈물'을 단숨에 인기 드라마로 자리 잡게 했었다. 특히 하륜은 이방원을 도와 왕자의 난을 일으키고 이방원이 조선 3대 왕 태종의 자리에 오르는데 가장 큰 공을 세운 인물이다. 그 하륜의 고향이 바로 진주라고 한다.

  강주연못은 본시 강주영터(康州營基)라고 전하며 고려말 우왕 5년(1379년)에 배극렴이 진을 치고 있던 진영 터였다는 것이 하륜(1347~1416)의 촉석성 성문기 편에 기록되어있다. 강주연못은 언제 축조되었는지는 알 수 없으나 못 주변에는 수령 5~6백 년 정도의 고목이 우거져 있고 또 그곳에 있는 이팝나무는 중국에서 가져온 것이라고 전하는 것으로 보아 이 강주 못 일대는 진주와 진양의 역사상 중요한 지역으로 평가되고 있다.

  역사적으로 살펴보면 기원전 2천 년경 이전인 상고시대부터 현재 서부 경남의 중심지로서 문화의 터전임을 짐작하게 하는 유물들이 발굴되었다고 했다. 지금도 인근의 밭에서 빗살무늬토기 조각이 가끔 발견된다고 한다, 강주라는 명칭은 신라 경덕왕 16년(757년) 이래로 1,240여 년 동안 이어져 온 지명이며, 고려 말 왜구의 침범이 있었을 때 배극렴이 강주진장으로 있었던 것으로 보아 이곳에 강주진이 있었던 것으로 보인다.

  더구나 하륜의 촉석성 성문기(矗石城 城門記)에서 "기미년(1379) 가을에 지밀직 배공(知密直 裵公, 裵克端:1355~1392)이 강주진장(康州鎭將)으로 와 있으면서 목관에 이첩하여 '촉석성'이 흙으로 된 것을 돌로써 쌓게 하였더니 역사(役事)가 반도 되지 못하여 왜구에게 함락되었다."라고 기술되어 있다고 한다. 당시는 이 지역의 중심이 강주였고 돌로 축조한 현재의 진주성도 강주를 방어하기 위함이었다는 것이다.

수필_ 양미경

하륜은 고려에서 태어나 벼슬을 하였지만, 이성계를 비롯한 신진 사대부들의 개혁 여망에 부응하여 고려를 무너뜨리고 조선을 세우는 데 공을 세운 인물이다. 그뿐만 아니라 이후 이방원을 도와 그를 태종으로 세우는데 일등 공신이 된다. 이 시기는 안으로는 낡은 나라가 무너지고 새로운 나라가 건국되는 시기였고 밖으로는 일본과 중국의 틈에서 생존을 모색하던 절체절명의 시기였다. 태종의 킹메이커, 조선의 불도저 재상. 진주에서 나서 격변의 한 시대를 이끌며 파란만장의 삶을 살았던 하륜의 이야기도 이제 강주연못의 고요한 수면 아래 묻혔다.

500년을 건너뛴 지금의 진주시민들과 관광객들은 수면 아래 묻힌 이야기에는 별로 관심이 없다. 잔잔한 수면 위로는 아직 피지 않은 연꽃의 아쉬움을 찾아 나비가 날고, 약 600m의 산책로는 못을 따라 휘어지며 돌고 있다. 7~ 8월엔 연못 전체가 분홍색과 흰색의 연꽃으로 뒤덮이며 은은한 연꽃향이 산책로를 황홀하게 만들어줄 것이다. 지난해 왔을 때가 딱 그 시기였다. 산책길 주변의 오래된 고목들의 나이가 궁금해진다. 오랜 시간 이 자리에 서서 역사의 어디까지를 가슴에 담고 서 있을까.

연못 바로 옆 '포토존(photozone)'이라고 적힌 나무 의자 위에서 아이가 자세를 취하다가 엄마가 사진 찍자 깔깔깔 웃으며 쪼르르 달려온다. 그래, 이제 미래의 역사는 바로 너희들이 만들어가는 것이지. 이미 나의 역사도 시간의 저편으로 물러날 준비를 하고 있다. 해가 설핏 기우는 모양이다. 하늘 한쪽을 덮은 구름이 붉게 물들기 시작하면서 오늘의 역사를 저장하는 중이다.

문득 이형기 시인의 '낙화'가 떠오른다. "가야 할 때가 언제인지를/분명히 알고 가는 이의/뒷모습은 얼마나 아름다운가." 이제는 돌아서야 할 시간. 천천히 차에 올라 시동을 건다. 놀이 잠깐 떨린

것처럼 보인 건 착각이었으리라.

**양미경**

통영 출생
1994년 《수필과비평》 신인상
사투리 수필집 『내 쫌 만지도』 사투리 통영가이드북 『뭐시라 통영을 모린다꼬』 외 4권, 선집 1권

수필_ 윤용수

# 진주와의 인연

윤용수

　살아간다는 것은 인연을 쌓는 과정이다.
　불가의 12연기를 들먹이지 않아도 50여 년 전에 비봉산 아래 자리한 진주고등학교를 졸업하고, 무엇이 그리도 급했던지 졸업과 동시에 진주 처녀를 아내로 맞이하여, 비익조요 연리지로 첫사랑이자 마지막 사랑으로 삼은 것은 인연 이외에는 달리 표현할 수가 없다.
　진양호에 빠진 별을 건지고 월아산 청곡사에 범종소리를 들으며 두근거리는 사랑과 원대한 꿈을 키웠던 진주.
　비봉산 천년고찰 의곡사에서 부처님을 증인으로 하고 결혼식을 올리고는 또 다른 인연으로 마산에 둥지를 틀었다. 내리 딸 셋을 낳으니 혼자 사는 외롭고 고독한 평화와 자유보다는, 지지고 볶고 토닥거리는 전쟁과 구속이 너무 좋다.
　딸 셋이 오십을 넘었으니 세월은 빠르기도 하다. 어버이날이 있는 5월, 딸한테서 받은 두둑한 용돈을 지갑에 담고 진주로 간다. 나 오늘 비봉산의 의곡사 부처님께 문안 합장하고, 남강변의 진주성 촉석루를 돌아 내동면 독산리에 위치한 진주 레일바이크에 몸을 싣는다. 4인용에 아내와 둘이서 왕복4km를 달린다. 세월이 남겨놓은 옹이인가, 훈장인가, 관절염으로 다리가 불편한 아내는 아름다운 경치만 감상하고 있다.
　세월이 흘러도 저 아래 남강은 예나 지금이나 치렁치렁한 물빛이 그대로인데, 눈은 안구건조증이요 입은 구강건조증이니 저 남강 논개의 푸른 물로 특별처방을 받고 싶다. 세월로 빚어낸 망경로 육거리 곰탕으로 진주를 따끈하고 포근하게 다시 한 번 끌어안는다.

원숙한 아름다움과 풍요로운 미래로 불꽃처럼 타오르는 석류꽃이 진주의 시화(市花)라지. 풍요와 다산으로 며느리 치마에 던져주는 대추, 그 대추나무가 또 진주의 시목(市木)이라지. 그래서 남강 유등축제는 석류처럼 대추처럼 수많은 자비의 등불로 해마다 붉게 물들이나 보다.

어제와 오늘의 역사가 공존하는 천년의 실크도시 진주는 지금도 아름다운 사람들이 비단을 짜고 있다. 밤이 더 아름다운 도시, 예약이 되어있는 진양호 아시아레이크사이드호텔로 간다. 5월의 밤, 진양호에 줄장미처럼 별들이 쏟아진다. 교복과 교모가 반짝이며 풋풋한 고교시절이 있는 곳. 영원히 내 가슴에 남아있는 두근거리는 로맨스. 진주다.

윤용수

합천 출생
1991년 《한국수필》 등단
수필집 『물매화』 『아내의 앞치마』 『선자리에서 앉은자리에서』

# 마지막 여행지 진주

**이승철**

　결혼 20년이 지나서 진주로 첫 여행을 떠났다.
　80년도 초겨울의 쌀쌀한 날씨 속에 눈이 내리는 정류장에서 시외버스를 탔다. 나란히 앉아 가는 것도 처음 있는 일이라 신혼 여행가는 기분이다.
　우리가 결혼할 때는 6·25 동란 후 잦은 흉년과 혼란스런 정국 속에서도 조혼(早婚)을 하는 풍습이 있어서 스무 살에 결혼을 했다. 여행은 생각지도 못했고 살림이 어려워 선물도 주고받지 못했다.
　집 사람은 시부모와 어린 시동생 뒷바라지하느라 고생 할 때 나는 사진과 인생철학 공부에 빠져서 한 달이고 두 달이고, 소식도 없이 떠돌이 생활을 했다. 그런 생활을 하고 다녀도 아내는 불평 한마디 없었다. 완고한 유교 집안에서 자라 왔기 때문에 오직 가정과 남편을 위해 봉사해야 하는 것으로만 알고 있었다. 부덕을 다하지 못하면 칠거지악(七去之惡)으로 친정 집안과 시가 집안이 욕되는 것으로 생각하고 자신을 불태우며 살아왔다.
　시동생을 결혼시켜 시부모를 모시게 하고, 섬마을 거제로 와서 새로운 삶의 보금자리를 마련한 지도 십여 년이 지났다.
　어려운 살림살이를 꾸려 나가기 위해 아내는 내 어깨 너머로 배운 사진 기술을 바탕으로 뒷골목에 싼 가게를 얻어 사진관을 경영했다. 나보다 기술이 좋다는 평을 받았고, 사업은 잘되었다. 증명사진, 결혼사진 등 일거리가 많았다. 사업이 잘되어 돈 모으는 재미를 솔솔 붙였다. 아내의 도움으로 나는 세상을 마음껏 누비며 다닐 수 있었다. 세월이 지나자 아내가 고생한 것을 조금 알 것 같았다. 여행이나 한 번 가자며 곗돈을 부어 왔으나 그 계 돈 을 타는 날에는 급히 쓸 일이 생겼고, 어린아이들과 사업장을 비워 두고, 갈 수 없는 형편이라 한 해, 두 해 미루어 오다가 큰애가 제대를 하여 사진관 일을 맡아 했다. 그래서 홀가분한 기분으로 나설 수 있었다.

우리의 여행길은 다른 사람과 다르다. 남들은 제주도다 경주다 하며 전국 좋다는 데는 다 가보고, 외국까지 가는데 친정집과 고향을 다녀오기로 했다. 오가는 길목에 있는 진주 촉석루 구경을 하는 것이 여행의 전부다. 교통이 나쁠 때 거제에서 진주 합천을 다녀오는 것도 이틀이 걸려야 했다. 지금 외국에 가는 것보다 더 힘이 들었을 때다.

차창 밖으로 보이는 바다 위로 눈이 떡가루를 뿌리듯 내리고 있다. 대교를 지나 고불고불한 산길을 돌아 고성, 사천, 들판이 속 시원하게 나타났다. 눈이 쌓인 논둑길과 나무 가지에 목화송이 같이 달린 눈꽃의 아름다움이 모처럼 나선 여행길을 즐겁게 한다. 남쪽 바닷가에서 볼 수 없는 설경이다. 그 광경이 너무나 아름다워 창밖에 풍경을 카메라에 담느라 정신이 없었다.

"찰칵" 한 장 찍고 나면 다른 풍경이 나타난다. 여행가서 찍을 필름이 동이 났다. 여행길이 아니었더라면 차에서 내려 눈 사진을 찍었을 것이다.

진주 시가지에 들어서서야 여행 간다는 생각이 나서 옆에 앉아 있는 아내의 얼굴을 바라보았다. 토라진 얼굴이다. 한 시간이 넘도록 사진만 찍는 사람과 여행 온 것이 잘못이란 생각인 듯.

"당신은 사진밖에 모르오?"
 핀잔의 소리에 가슴이 뜨끔했다.
 "눈 오는 경치가 너무 좋아서…" 궁색한 변명을 했지만, 당신 마음 다 알아요. 하는 눈치다.
 진주에서 합천 가는 막차 시간이 네댓시간 남았다. 그 시간에 남강과 촉석루, 진주성을 구경하기로 했다. 주차장과 촉석루는 가까운 거리다. 남강 변 둑길 따라 눈을 맞으며 걸었다. 아내의 손을 잡았다. 따사롭고 포근했다. 피가 서로 통하는 정감을 처음 느꼈다.
 진주 성내를 한 시간 정도 구경했다. 남강 변과 촉석루의 모습은 쓸쓸하고, 강물은 말없이 흐른다. 침묵 속에 걷기만 했다. 마음을 기쁘게 해 줄 말이 없나 하고 생각해도 이야기 거리가 없다.
 "당신 화났어. 재미있는 이야기 좀 해봐" 말을 걸었다. 피식 웃으며
 "무슨 이야기를 해요. 맨 날 같이 살면서…"
 눈바람이 차가웠다.
 찻집에서 녹차를 마신다. 근심이 쌓인 얼굴은 주름살이 많다. 나 때문에 그 곱던 얼굴이 저렇게 되었구나, 앞으로는 편안하게 해 줘야겠다 마음속으로 다짐을 하며, 아내의 손을 꼭 잡았다. 고마운지 서러운지 눈가에는 이슬이 맺혀 나를 보지 못하고 창밖을 멀리 보고 있다. 눈은 계속 내린다.
 아내는 자리에서 일어서며 눈시울을 닦는다.
 "여보, 집으로 돌아갑시다. 눈이 많이 와서 합천 가면 길이 막힐 것 같아요. 집에 있는 아이들이 걱정돼서… 합천은 다음에 갑시다."
 "다 큰애들과 집 걱정하지 말고 진주서 하룻밤 지내고 가요."
 "진주 구경 다 했는데 하룻밤 자면 뭐해요. 나는 집에 있는 것이

더 편하고 좋아요. 집을 떠나오니 고생이고, 애들이 보고 싶어요. 눈이 더 오기 전에 어서 집으로 갑시다."

결혼 후 첫 여행은 여기서 끝났다. 일 년쯤 지나서 아내는 간암으로 입원했고 그 다음에 멀고 긴 여행길을 혼자 떠났다. 미운 정 고운 정만 산더미처럼 남겨 놓고 외롭게 떠났다. 그 길에 후회와 통한의 눈물을, 연꽃 등불을 밝혀 향불을 피운다.

**이승철**

합천 출생
1990년 《수필문학》 신인상
저서 『1990년 역사의 한시』 『내 고장 전통 거제 편』 외 다수
경남인물사선정위원, 경남수필문학회회장 역임

# 숲속의 진주

이희경

'월아산 수국축제 및 정원박람회' 광고에 이끌리어 도착한 곳이 진주 월아산이다. 축제날이라 차들이 꼬리를 물고 줄지어 서 있다. 이제 수국은 여름을 대표하는 꽃으로 자리매김한 듯하다. 다행히 가까운 주차장에 주차하고 나니 아침 일찍 서두른 보람을 느낀다.

오솔길이 보이는 입구로 들어서니 만개한 수국이 나를 맞이한다. 분홍, 파란, 보랏빛이라 단정 짓기 어려운 색과 멀리서 보면 풍성한 꽃송이로만 보이는데 가까이서 보면 모양도 다양하다. 산책로를 따라 곳곳에 포토존이 있어 꽃을 배경으로 사진찍기가 좋다. 화사한 꽃 옆에 서니 꽃물이 스며든 건지 사진 속 인물들이 아름답다.

수국군락지를 나오니 반달 위에 토끼가 방아를 찧고 있다. 아이들이 좋아할 동화 속 조형물들과 마주하니 나도 모르게 동심으로 돌아간다.

대나무 숲길을 지나니 작가정원이다. 거창한 예술 조각이나 색다른 것을 기대했는데 편안한 자연공간이다. 꽃과 식물의 이름을 적어 놓은 비석이 나란히 놓여 있는데 매미꽃은 몰라 궁금하다. 주변 자연지형을 활용해 만들어서인지 멋스럽지만 조금은 투박하게 보여 정겹다. 수국을 쫓아가다 보니 돌담 정원이다. 돌담길 따라 아기자기 피어 있는 꽃들이 소품처럼 자리하고 있다. 덕수궁 돌담길인 양 돌담에 기대어 사진을 찍어 본다. 맨발로 타박타박 걸어보고 싶은 매끈한 돌이다. 고개를 들면 사방이 초록빛으로 만연한 숲이다. 자연이 주는 선물에 사람의 손길이 닿아 아름다움을 더하니 가만히 있어도 위로가 되고, 힐링이 된다. 내려오는 길에 하모 유등이 있는 달빛정원에 들어섰다. 진양호와 남강에 서식하는 천연기념물 수달을 모티브로 캐릭터 한 하모가 깜찍하고 귀엽다. 밤이 아니어서 은은한 달빛의 낭만을 느껴보지 못함을 못내 아쉽다.

숲의 가치를 담은 진주시의 진주와 보석 진주라는 중의적인 의미를 담고 있는 월아산은 숲속의 진주라는 브랜드명에 걸맞게 산림휴양, 레저, 복지시설들을 한 곳에서 즐길 수 있다. 숲속 어린이 도서관 목재 문화 체험장, 짚라인 등 어린이들이 이용 할 수 있는 것들도 다양하다.

정원은 집 안에 있는 뜰이나 꽃밭을 말한다. 아담한 정원이 아닌 국가 정원은 두 곳이 기억에 남아 있다. 순천만 국가정원을 둘러보았을 때는 세계 각국 정원이 인상이 깊었다. 각 나라의 정원이 한곳에 모여 있으니 문화와 생활방식을 엿볼 수 있어서이다. 울산 태화강 국가 정원은 대나무 숲이었다. 어려서부터 대나무를 많이 접해 살았다. 빨갛게 익은 홍시를 따 먹을 때나, 알밤을 털 때도 대나무 장대를 사용했다. 대나무 숲에 길을 내어 죽순이 자라 쑥쑥 키가 자라는 것이 마냥 신기했다. 국가 정원으로 등록하려는 월아산은 돌담길이다.

월아산은 큰아이와 봉사활동을 하기 위해 시각장애우와 함께 등산했던 곳이다. 아이들은 인간 내비게이션이 되어 시각장애우와 발걸음을 나란히 했고, 땀을 비 오듯 쏟아냈다. 그때의 소년들이 이제는 장성한 청년으로 사회의 일원이 되었다. 세월이 많이 흐른 탓인가. 월아산도 많이 바뀌었다. 사람의 손길이 닿아 아름다운 정원으로 변모하여 선물처럼 안긴다. 아들과의 추억이 있는 곳이라 애정이 가는 걸까. 또다시 올 때는 아름다운 국가 정원으로 찾을 수 있기를 기대해 본다. 햇살을 머금은 나뭇잎은 바람을 타고 너울거린다. 지저귀는 새소리는 풍월을 읊는 듯 낭랑한 오후다.

**이희경**

의령 출생
2007년 《한국수필》 등단
수필집 『하늘꽈리』

# 진주난봉가

정영선

　허난설헌이 지은 '규원가'를 읽다 보면 가슴이 먹먹해진다. 조선시대 가부장적인 봉건제도 아래에서 남편의 사랑을 받지 못한 여인이 어떻게 살았는지, 또 어떻게 죽어갔는지 눈에 선하게 그려지기 때문이다. 허난설헌은 열대여섯 살 어린 나이에 시집을 갔다. 한량인 남편은 밤낮없이 기생집으로 다닌다. 난설헌은 유산과 사산을 겪으며 홀로 눈물로 지내다가 결국 스물일곱의 젊은 나이로 죽고 만다. 그녀만 그렇게 살았을까. '진주난봉가'로 불리는 민요에도 한 많은 여인의 삶이 고스란히 드러난다.

　　1. 울도 담도 없는 집에서 시집살이 삼 년 만에
　　　시어머니 하시는 말씀 애야 아가 며늘아가
　　　진주 낭군 오실 터이니 진주 남강 빨래 가라.
　　2. 진주남강 빨래 가니 산도 좋고 물도 좋아
　　　우당탕탕 두들기는데 난데없는 말굽 소리
　　　곁눈으로 힐끗 보니 하늘 같은 갓을 쓰고
　　　구름 같은 말을 타고서 못 본 듯이 지나더라.
　　3. 흰 빨래는 희게 빨고 검은 빨래 검게 빨아
　　　집이라고 돌아오니 사랑방이 소요하다
　　　시어머니 하시는 말씀 애야 아가 며늘아가
　　　진주 낭군 오시었으니 사랑방에 나가봐라.
　　4. 사랑방에 올라보니 온갖 가지 술을 놓고
　　　기생첩을 옆에 끼고서 권주가를 부르더라.

건넌방에 내려와서 아홉 가지 약을 먹고
비단 석 잠 베어 목을 매어 죽었더라.
5. 진주 낭군 이 말 듣고 버선발로 뛰어나와
너 이럴 줄 내 몰랐다 사랑사랑 내 사랑아
화류계 정 삼 년이요 본댁 정은 백 년인데
너 이럴 줄 내 몰랐다 사랑사랑 내 사랑아
6. 너는 죽어 꽃이 되고 나는 죽어 나비 되어
푸른 청산 찾아가서는 천년만년 살고지고
어화둥둥 내 사랑아 어화둥둥 내 사랑아

_ 구전민요 '진주난봉가' 전문

'진주낭군가', '진주 아리랑', '시집살이 노래' 등으로도 불리는 '진주난봉가'는 영남지방에 구전되어 내려오는 서사민요이다. 이 노래는 곡명과 배경설화만 전하는 고려가요 '월정화'와 연관설이 있다 한다. 사록 벼슬을 한 위제만이 기생 월정화에 빠져 지내자 그 부인이 병이 나서 그만 죽었다. 진주 사람들이 부인을 추모하고, 위제만의 허랑방탕한 생활을 풍자하기 위해 노래를 지어 불렀다고 한다. 고려가요 '월정화'가 조선 시대를 거치면서 진주난봉가로 불렸을 것이라고 보기도 한다. 그런데 이 노래의 채집지는 경남 진주가 아니라 경북 영양인데, 이것을 보면 영남지방에 두루 퍼졌으리라고 추측할 수 있다.

진주는 예로부터 기생으로 유명한 고장이었다. 이 노래에 등장하는 진주 낭군이 벼슬아치였을 것이라는 근거는 없지만, 양반의 부류에는 속했을 것이다. 기생들과 어울려 풍류에 젖어 살며 가정 살림은 돌보지 않는 한량이었을 것이다. 남편이 밖으로만 도니 집안

살림살이가 가난을 면치 못할 것은 뻔하다.

　며느리는 시집온 지 삼 년밖에 안 된 젊은 새댁이다. 어린 나이에 울도 담도 없는 가난한 집에 시집을 와서 시부모 밑에서 시키는 일만 꽁꽁하면서 지내는 순종적인 여성이었을 것이다. 아무 의지할 사람 없는 며느리를 시어머니는 심정적으로도 배려하지 않는 것 같다. 모처럼 낭군이 온다는데 곱게 단장은커녕 빨랫감을 잔뜩 주면서 남강으로 내보내고 있다. 그래도 며느리는 불평하지 않고 낭군을 만날 수 있다는 설렘으로 빨래를 하면서 기다린다. 흐르는 물에 시집살이의 힘든 몸과 마음을 서둘러 헹구어내고 있었을 것이다. 그날따라 산도 아름답고 물도 맑아 보였으리라.

　드디어 그토록 기다리던 진주 낭군이 나타난다. 빨래하던 며느리는 낭군이 오는 것을 보고도 반기지 못하고 수줍어하며 곁눈질로 볼 뿐이다. 하늘같은 갓을 쓰고 구름 같은 말을 탄 멋진 낭군은 그런 아내를 지나쳐 버린다. 며느리는 자신의 모습이 더없이 초라하게 느껴졌을 것이다. 설움을 꾹 참고 시집 식구들의 그 많은 빨래를 다 끝낸 뒤 집으로 돌아오니, 사랑방에서는 낭군이 기생을 옆에 끼고 술판을 벌이고 있다.

　이때 시어머니는 무엇을 하고 있었을까. 그런 아들을 나무라기는커녕 오랜만에 집에 온 아들의 비위 맞추기에만 급급했던 것은 아닐까. 노랫말에서 네 낭군이 왔으니 사랑방에 나가보라며 일러주고 있을 뿐이다. 며느리가 집안의 일꾼쯤으로 보였던 것이었을까. 늘 말없이 고분고분하니 속내도 없다고 생각했을까.

　어쩌면 이 며느리에게는 자식이 없었을 수 있겠다. 시어머니는 며느리의 시샘을 자극하기 위해서 아들이 기생을 끼고 노는 장면을 보여주려 했을까. 아니면 못 볼 꼴을 보여줌으로써 며느리를 쫓아 버리기라도 하려는 심보였을까.

수필_ 정영선

　그러나 사랑방에서 기생을 끼고 노는 낭군을 본 아내의 선택은 죽음이었다. 건넌방으로 와서 아홉 가지 약을 먹고 명주 수건으로 목을 매어 처절하게 죽는다. 아무 희망이 없기에 죽음밖에는 다른 선택의 여지가 없었으리라. 죽음으로써 제도와 시대에 저항한 것은 아닐까.
　남편의 허랑방탕한 행동과 시어머니의 우유부단함이 가녀린 젊은 여인을 죽음으로 내몬 것이다. 죽음으로써 자신의 존재를 확인할 수밖에 없었으리라. 옛날 고된 시집살이 끝에 죽음을 생각해보지 않은 사람이 얼마나 되었겠는가. 시집살이를 봉사 삼 년, 귀머거리 삼 년, 벙어리 삼 년이라고 하지 않던가. 그때는 친정에 가면 출가외인으로 환영받지 못할 게 뻔하였다. 이를 악물고 살려니 얼마나 힘들었을까.
　아내가 목을 매어 죽고 나자 그제야 정신이 번쩍 든 남편이 후회한다. '화류계의 정은 삼 년이요, 본댁의 정은 백 년인데'라고 하면서, 잠깐 외도를 참지 못하고 죽을 줄 몰랐다며 버선발로 뛰어나와 통곡한다.
　노래의 마지막 절에 '너는 죽어 꽃이 되고 나는 죽어 나비 되어/ 푸른 청산 찾아가서는 천년만년 살고지고/ 어화둥둥 내 사랑아 어화둥둥 내 사랑아'는 후대의 사람들이 지어 붙인 것으로 보인다. 여인의 죽음으로 노래를 끝내기에는 너무 가슴 아프기 때문이다. 살아생전 받지 못했던 사랑을 죽어서 꽃과 나비라도 되어서 다시 만나게 해주고 싶은 것이다.
　'진주난봉가'는 허난설헌의 '규원가'에서처럼 봉건적 가부장제로 인하여, 인권도 존재감도 없이 슬프게 죽어간 여인의 한을 담고 있는 노래다. 남편의 외도는 아내를 죽음으로 몰아갈 수도 있다고 일침을 가하고 있다. 사랑도 인격적 대우도 받지 못하고 눈물로 세월을 보내야 했던 여인들의 마음을 생생하게 표현했던 노래다.

요즘은 남녀가 동등한 시대다. 오히려 남자들이 기가 죽어서 사는 시대라고도 한다. 그러나 소박하면서 진솔한 이 노래가 시대를 뛰어넘어 여전히 공감되는 이유는 무엇일까. 어느 시대이건 아내는 남편의 사랑 없이는 살 수 없으며, 사람은 사랑을 먹고 사는 존재이기 때문 아닐까.

**정영선**

1991년 《교단문학》, 1992년 《문학세계》 등단
수필집 『시간여행』 『민들레 꽃씨』
경남문협 우수작품집상, 영남문학 문학상 수상

수필_ 조평래

# 선학산 만죽동 시절

**조평래**

　진주성 동쪽 외곽에 구릉을 겨우 면한 선학산이 있는데, 그 산기슭 아늑한 곳에 만죽동이 있다. 조선 선조 때 선비 최영경이 이곳에서 꽃을 가꾸며 학 한 마리와 함께 신선처럼 살았으나 어처구니없는 옥사에 연루되어 억울하게 희생되자, 훗날 그의 후손과 진주 유림에서 그를 추모하며 도강서당을 세웠다.
　학창 시절 나는 우연히 도강서당에서 2년 가까이 머문 적이 있었다. 매달 방세 낼 형편이 어려워, 어느 날 진주 토박이 동생에게 "진주에 귀신 나오는 폐가 같은 곳이 없을까?"하고 물었다. 훗날 모 신문사 문화부 기자를 오래 하게 되는 그가 웃으며 "요새 그런 집이 어디 있소." 하며 내 형편을 고려하여 도강서당을 추천했다. 진주시청에서 5분 정도 걸어가자 도강서당이 나왔다. 마루에 걸터앉아 멀리 남쪽을 바라보니 덕유산에서 발원한 남강 물줄기가 유유히 진주성을 돌아본 후 아쉬움을 남긴 채 다음 목적지를 향해 구비 치며 흘러가고 있었다. 서당 주변에는 울창한 대나무 숲이 있었고, 집 뒤로는 다른 민가가 없어 조용하여 첫눈에 마음이 강하게 끌렸다.
　서당 부속 건물에 후손이 살고 있었다. 80세 정도 되는 할머니와 50대의 아들과 며느리가 있었다. 할머니는 젊은이처럼 자세가 꼿꼿했고, 눈이 유난히 맑고 총기가 감돌았다. 젊었을 때 틀림없이 미인 소리를 많이 들었을 것 같았다. 50대의 아들은 체격이 좋았고, 인상과 풍기는 느낌이 후덕하고 신뢰가 갔다. 수더분한 며느리는 잠시도 쉬지 않고 왔다갔다 하며 일을 하고 있었다.

시내에 방을 구할 형편이 못되어 서당에 좀 있으면 안 되겠냐고 물은 후, 장소가 너무 좋다는 말도 했다. 내 말을 들은 아들이 잠시 생각하다 그의 모친을 보면서 말했다.
　"어머니, 어떻게 할까요?" 할머니가 잠시 난처한 표정을 짓다가 말했다.
　"형편이 딱한 것 같은데 전기세만 좀 받고…"
　이렇게 하여 나는 도강서당에서 거주하게 되었다. 문중 정기총회 때와 가을 시제 때 두 번은 자리를 비켜 주기로 했으나, 행사 때 미리 와서 숙식하는 사람이 많지 않아 방을 비워주는 일 없이 그대로 사용했다.
　50대의 가장은 서당 뒤에 있는 배밭에서 배 농사로 2남 1녀를 공부시켰는데, 수확 철에 배에 약간의 상처만 나도 상품으로 팔지 못했다. 이런 배를 모아 먹으라고 한 광주리씩 주었다. 고맙긴 했으나 먹기 위해 칼로 잘 익은 배의 상처 부위를 도려낼 때는 농심을 도려내는 것 같아 마음이 아팠다.
　당도가 좋은 배를 실컷 먹고 밤에 소변보러 다닌다고 잠을 못 이룬 적이 여러 날 있었다. 배가 수박 못지않게 이뇨작용 한다는 것도 그때 알았다.
　주말에 함안으로 가는 날은 상처받은 배 중에서 좋은 것을 골라 배낭에 잔뜩 넣어 어머니께 가져다드리고, 감 수확 철에는 함안의 감을 배낭에 넣어 할머니께 가져다드리기도 했다.
　한문 원전을 읽기 위해 기초 작업으로 비봉산 아래에 거주하던 허형 선생님 댁에서 몇몇 학생들과 사서를 읽었다. 이 댁에 진주의 명사들이 인사차 많이 오갔는데, 하루는 좀 특이한 사람이 공부하러 왔다. 50대 후반으로 보이는 낯선 여성 한 분을 소개하기를 진주검무예능보유자 성계옥 선생이라 했다. 고려대학에서 청강생으로 한문을 공부하다 방학이라 내려왔다 했고, 겨울 방학에 잠시 같이 공부했다. 나는 중학교 때 무협지에 심취했고, 고등학교 때 검도에 빠졌던 적이 있어 혼자 상상하기를 진주가 임진 정유란 때 격전지라 진주에 내려오는 독특한 검도 문파가 따로 있는 것으로 알았다.

진주검무를 배워보고 싶은 마음은 꿀떡 같이 있었으나, 당시 나의 하루 일정이 너무 바빠 그 말은 꺼내지 못했다. 40년이 훌쩍 지난 2022년 어떤 인연으로 진주검무, 진주포구락무, 진주한량무의 역사와 계승, 현재의 예능보유자에 대해 경남신문에 글을 쓰면서 여러 곳에 등장하는 성계옥 선생의 역할과 활약을 알게 되었다. 성선생은 2009년도 작고했으나, 현존하는 진주의 여러 무형문화재 보존에 독보적인 존재였음을 확인할 수 있었다. 당시 무형문화재에 대해 아는 것이 없었으니 옆자리에서 같이 공부해도 관심을 가지지 못했다.

《시경》을 혼자 공부할 수 없어서 이이재(二以齋)에서 최인찬 선생께 지도를 받았는데, 최선생님은 신학문과 한학을 두루 공부하여 이해하기 쉽고 에로틱한 장면도 여과 없이 가르쳤다. 몇 달 지나지 않아 내가 서울로 장소를 옮겨야 할 일이 생겨 끝까지 지도를 받지 못한 아쉬움이 있다. 이이재에도 많은 명사가 오고 갔지만, 권용현 선생의 모습이 아직 기억에 많이 남아 있다. 그는 매일 이이재로 출근하다시피 했고, 하얀 두루마기를 입고 단정하게 앉아 바둑을 두었는데, 주로 하용문 선생과 말없이 두었다. 옆에서 책을 잘못 읽거나 해석을 잘못하면 눈은 바둑판을 응시하면서 한 수씩 가르쳐 주셨다. 1988년 서울에 있을 때 권 선생님이 작고했다는 소식과 마지막 유림장을 한다는 소식을 여러 언론 보도를 통해 들었다.

직장생활을 하다 2009년 함안으로 귀촌하여 문중 사무실에 갔더니 권용현 선생의 방대한 문집을 보고 놀라지 않을 수 없었다. 유유자적하게 사시면서 언제 그렇게 많은 글을 남겼는지 의아한 생각이 들었다.

외환위기 때 나는 할 일이 없어 정인홍을 주인공으로 역사소설을 썼다. 그때 최영경에 대한 자료도 구해 읽었고, 소설에 등장시켰다. 최영경 선생이 누명을 쓰고 진주 감옥에 갇히자 진주 일대 유림 1200여 명이 감옥 앞에서 항의 농성하는 장면과 그가 서울로 압송되자 항의하려 서울까지 1000여 명이 따라가는 장면, 감옥에서 죽어가는 선생에게 곁에 있던 박사길이라는 선비가 가르침을 청하자 그의 무릎에 바를 정(正)자 마지막 획을 못 긋고 절명하는 모습을 소설에 담았다. 정권을 잡기 위해 옥사를 기획한 사람도 어떤 사람인지 세상에 알리고 싶었다.

진주에서 만난 성계옥 선생, 권용현 선생, 최영경 선생을 가까이 있을 때는 나는 알아보지 못했고, 인연이란 것도 산 자들만의 몫이 아닌 것 같다. 죽은 자와 산 자가 수백 년 시공을 뛰어넘어 이루어지는 경우가 있는 것 같다.

현재의 남강초 뒤편을 옛날에는 만죽동이라 불렀으나 지금은 상대동으로 부르고 있으며, 진주에 대한 나의 추억과 기억은 대부분 도강서당을 배경으로 떠오른다.

조평래

함안 출생
2001년 장편소설 『정인홍과 광해군』 발표,
장편소설 『나, 이이첨』, 단편 소설집 『청년시대』

# 부자의 삶을 엿보다

허숙영

　모내기를 마친 들판이 연두 빛으로 물들어 갈 무렵 지수승산 부자 마을을 찾아간다. 사봉에서 지수로 넘어가니 밀이 누렇게 익은 논이 많다. 익숙한 이 길에서 어릴 때 보던 밀을 보니 나는 어느새 유년으로 돌아가 있다. 지금 보니 나지막한 산인데 그때는 왜 그리 숨이 턱에 차도록 힘들게 넘어 다녔을까. 산그늘에 폭 싸여 있던 자그마한 교회당에서 맑은 종소리를 들으며 달콤한 사탕을 얻어먹던 기억이 되살아나 승산마을을 두르고 있는 산언저리를 눈으로 더듬는다. 면소재지여서 2일 7일 마다 오일장이 열리면 제법 흥성거리던 곳이다. 지금은 명소로 알려졌지만 조용하다. 식당 몇몇 곳이 문을 열어두었을 뿐 옛 모습은 많이 사라졌다. 교회 십자가는 이제 마을 한복판에 이정표마냥 떡하니 버티고 있다.
　옛 지수 초등학교 교정에 들어서자 신사임당. 세종대왕, 이순신 장군의 동상이 세월의 흔적을 이고 군데군데 칠이 벗겨진 채 굽어보고 있다. 학생들이 빠져나간 교실은 진주K-기업가 정신 센터가 들어서고 운동장은 반으로 나뉘어 주차장으로 사용되고 있다.
　몇 년 전 지수초등학교는 산 넘어 내가 다녔던 송정초등학교에 통합되었다. 기업가들을 배출한 학교라 이름만이라도 살리자는 뜻을 받아들여 위치는 송정에 이름은 지수초등학교로 바뀌었다.
　국내 굴지의 회사, 삼성과 LG, 효성그룹의 창업자가 세 사람이나 거쳐 간 학교다. 1980년대 100대 재벌 중 30여명이 이 학교 출신이니 대한민국 기업가의 성지라 불릴 만하다. 더 중요한 것은 그 초석을 놓아 준 이가 김해 허씨가의 만석꾼 허만정 선생이라지 않은가.

나는 어깨가 으쓱해져서 같이 간 남편에게 자랑을 했다.

"우리 아재뻘 되는 분이다."라고 하니 남편도 맞장구를 쳐준다.

"그리 대단하신 허씨 집안사람이 나와 살아줘서 고맙다."고

기업가 정신센터 앞의 부자 소나무는 이병철. 구인회. 조홍제 창업주가 함께 심고 가꾸었다고 전해지는데 진짜 그런지는 확인 할 길이 없다. 이 상징적인 나무 앞에서 사진을 찍으면 부자가 된다는 설이 있어 남편을 세우고 사진을 찍지 않을 수 없다.

운동장을 가로질러 체육관이 있던 상남관에 들어섰다. 상남관은 2000년에 학생들의 체력을 단련케 하기 위해 체육관을 지었다는 구자경 회장의 호를 따왔다고 한다. 왼쪽으로는 까페, 오른쪽으로는 도서관이었다. 1층에는 분류기호 3번인 기업과 경영에 관한 책만 전시되어 있다.

'자신의 영혼을 위해 투자하라. 투명한 영혼은 천년 앞을 내다본다.'는 이병철 회장. '속도보다 방향이 중요하다'는 조홍제 회장, '남이 미처 안하는 것을 선택하라'는 구인회 회장의 정신과 '재산은 개인의 것이 아니라 사회를 위해 잠시 보관하는 것이다'는 허만정 회장의 어록을 보니 역시 범부로서는 발끝에도 따라가기 힘든 미래를 내다보는 정신의 소유자들임에 틀림없어 잠시 숙연해진다. 바로 코앞의 이익에 따라 이리저리 움직이며 내손에 든 건 다 내 것인 양 움켜쥐려고만 하는 나 같은 사람이야 글로 옮겨 쓰기도 민망할 지경이다.

그 곁의 '지수초등학교' 라는 자그만 현판이 나를 이끈다. 교실하

나 크기의 모형을 지어놓은 곳에 들렀다. 나는 육십 여 년 전으로 돌아가 손풍금을 두드려 보고 작은 나무 책상에 앉아 산수책을 펼치고 난로위의 도시락을 점심시간도 되기 전에 까먹는 학생으로 돌아갔다.
 '조름이 오면 팟딱 깨어 불 먼저 끄고 자자' 는 내무부 옛 포스터 앞에서는 호롱불 심지 돋우며 졸다가 머리카락 태워먹던 일이 떠올랐다. '우리 마을 산림록화 내가 먼저 앞장서자'는 대한 산림조합 연합회에서 만든 포스터를 보며 벌거숭이산을 만드는데 앞장섰던 일을 동시에 떠올리고는 한참을 웃는다.
 요즘도 가끔 지수에 오곤 하는데 이 기업가 센터에는 와 볼 생각을 못했다.
 다시 발길이 향한 곳은 기업가 정신센터였다. 열정, 도전, 실천, 성찰, 내면과 대화하기, 혁신, 사회적 책임, 인간적 배려 등 현관 입구의 문구들에 이끌려 들어간 곳이다. 세대를 관통하는 기업가정신의 맥은 한마디로 '사람중심' 이다.
 사람을 중히 여기고 인재를 발굴해 내고 인본주의를 실천하는 것이 사업보다 먼저였음을 보여준다. 또한 그곳에는 1870년대 기업의 맹아기부터 일제 강점기를 거쳐 2000년대 벤처 3세대에 이르기까지의 굵직한 인물들이 총 망라 되어있다. 또 있다. 18세기 중기기관이 일으킨 변혁의 바람부터 인공지능의 혁명인 4차 산업혁명까지도 한 눈에 볼 수 있다.
 세상을 바꾸는 변화의 원동력은 결핍이다. 부족함을 채우려는 욕구, 배고픔을 해결하려는 노력에 의해 삶은 변화되고 새로운 기회는 창출되는 것이다. 모든 것이 풍족한 지금의 세대에는 무엇으로 변화의 바람을 일으킬까 싶으니 정신이 아득해진다. 집념과 끈기. 인내, 소통 같은 단어들이 다시 통용될 날이 올까.

육백여년 역사의 기업가들 생가는 낮은 산 아래 돌담을 두르고 양지바른 아늑한 터에 자리를 잡았다. 그 앞을 흐르는 개울도 잘 정비되어 걷는 맛을 느낄 수 있다. 이 마을의 부자는 김해 허씨와 능성구씨 가이다. 이 두 가문은 사돈가문이다. 이웃에 사돈이 있으니 아무래도 말과 행동을 조심하며 반듯하게 살려고 노력하지 않았을까.

허준(허만정의 부)의 생가, 허순구 생가(이병철 누님 댁), 창강정(능성구씨 대종중 재실) 허만정 본가, 허선구 고가(LG구자경 외가), 구인회 생가(LG창업주,)구자원 생가, 구자신 생가가 어깨동무를 한 것처럼 이웃해 있다.

우리의 발길은 마을의 가장 오른쪽에 위치한 연정으로 향했다. 허씨 대종중 재실 앞에 손바닥만 한 연정이 있다. 아마 수련이 가득해 그렇게 불렀지 않았나 싶다. 대 종중을 돌아보고 지신정으로 향한다. 숲 깊은 곳에 자리한 지신정은 갈 때 마다 문이 잠겨 사람의 발길을 거부하고 있다. 부자 정신의 실천가라고 소개된 허준 선생의 호가 지신정이며 나라를 위해, 어려운 이웃들을 위해 돈을 쓸 줄 알았다. 교육사업에도 뜻을 두어 진주여고를 건립하여 국가에 바쳤다고도 한다. 그는 이 지신정에서 수련을 하였다 하는데 먼발치에서만 잠깐 엿볼 뿐이라 아쉬웠다. 그곳 뿐 아니라 구중궁궐 같은 집들이 열쇠를 걸어 잠궈 발꿈치 들고 들여다보거나 대문 틈으로 엿보다 돌아섰다.

돈황의 최고유적지 막고굴에 갔을 때 해설가의 손에 들려 있던 육중한 무게의 열쇠를 떠올렸다. 수백 개의 방을 다 보여주지는 못하지만 꼭 보여야 할 방문은 열어 해설을 해 주었다. 만약 그 위대한 유적을 못보고 돌아선다면 그곳에 갈 이유가 있을까.

부자들의 잘 꾸며놓은 정원이나 오래된 건축물을 보며, 실생활을 상상해 보는 것도 의미 있는 일이 아닐까. 바람마저도 잠잠한 담벼락 아래를 걸으니 초여름인데도 햇살이 따갑다. 담 안쪽 울창한 나무그늘의 위무를 받고 싶다.

허숙영

의령 출생
2002년 《한국수필》 등단
작품집 『단디해라이~』『비린구멍』『물발자국』

수필_ 허숙영

2024 찾아가는 경남문협 세미나
- 진주 편

## 경남의 동시·동화

강 숙 | 김용웅 | 김철민 | 김혜영

손영순 | 임신행 | 정현수

# 진주라 카모 하모*아이가

강 숙

시청에 앉은 캐릭터
하모 조개 핀 위
나비 한 마리 앉았어요
만나서 반가워
하모 하모

너에게 안부를 물어도 될까?
하모 하모

진양호 속에는 우리 할아버지의 할아버지께서 계셨던 곳

하늘 호수 속, 산이 풍덩 빠져들고
일기장과 까만 집이 잠기고
물고기와 염소가 눈 맞추고
물살 헤쳐 헤엄쳐 드나들던 수달
나도 하모

수달!

너는 할아버지의 가슴 위를 하릴없이 떠다니고

숯검둥이 잡고 둥둥 떠나던
바스라진 꿈 세워 줄 수 있겠니?

하모 하모


*하모: 1) 진주시 대표 캐릭터 수달
      2) 그래, 맞아 등의 뜻을 가진 진주의 방언

**강 숙**

의령 출생
2020년 《경남문학》 동시 부문 신인상 수상
작품집 『여름 해를 풍덩 빠뜨리자』 외 1편

동시_ 김용웅

# 남강 유등축제

김용웅

새처럼 헤엄치는
물결 길에
담담히 유등을 내려놓는다

길은 넓고도 험한데
멈추지 않고 간다

숨이 벅차고
온몸이 젖어도

안개비도 만나고
찬바람 내려도

유등들이 가야 할 곳 어디일까?
아직 모르지만
가는 길을 잃지 않게 이끌어준다

가 본 적 없는 곳으로
강물이 함께 해준다면 괜찮을 거예요

동시_ 김용웅

**김용웅**

김해 출생
《아동문학평론》 동시 등단
동시집 『종이비행기의 꿈』 『소나기구름이 사는 나라』 등

동시_ 김철민

# 어머니의 젖줄

김철민

밤하늘에 두 둥실 떠있는 보름달
떴구나, '유등축제' 불꽃 쇼
환상적인 분위기로 물든
바람결에 묻혀 들려오는
문화예술의 메카 진주!

성벽을 밝히는 여러 가지 꽃가지
추억 속 남강의 별을 건너
인정이 각박해
정서가 메말라진 그 자리
옅은 웃음 짓는 어머님

촉석루 성벽아래
인정의 남강 부교를 건너
논개와 김시민 장군 만나듯
모형 강물에 띄어진 형형색색의 돛단배
어디로 밀려 갔나 어디로 떠나 갔나

풀 숲 가까이 이름 모를 야생화
오고가는 님 들을 반겨주며

바라보는 눈망울은 가슴을 태우고
밤하늘에 수없는 초록별 되어

가슴에 점하나 찍어 간직하고
우주공간에 천년의 역사 속으로…

**김철민**

서울 출생
1990년 《아동문학》 등단
동시집 『함께라서 참 좋아』 『고향길』
시집 『언제나 내게 소중한 당신』

# 남강 유등 축제

**김혜영**

남강 위에 황금빛 유등
스님, 동물, 집, 꽃, 불꽃들이
소원 등불 활짝 피어

두 손 모은 꿈들이
모든 이의 마음을
행복하고 기쁘게 하고

색색으로 물들은 불빛들
오색 무지개로 피어
하하하 웃음소리
남강을 휘돌아

아름다운 풍경들이
기쁨 소망으로  행복하게
폭죽 터지듯이
활짝 피어나네

**김혜영**

2014년 《월간문학》 동시 천료
동시집 『봄이 오는 길』

# 진주를 찾아서

손영순

청동기시대 유물이 발견되는 것으로 보아 이 시대부터 진주엔 사람이 살았다고 하지요.
엄마도 진주에서 태어났지만, 당시 교사였던 외할아버지의 전근으로 초등학생이 될 무렵 청주로 옮겨 지금까지 살고 있지요.
우리 가족은 지난 여름방학에 캠핑 겸 가족 여행으로 서부 경남 진주에 가보려고 미리 리스트를 뽑아 출발했어요.
관광명소를 보니 많았지만, 몇 곳만으로 줄여 꼭 가볼 곳으로 진주향교, 촉석루, 청곡사, 진주 국립박물관, 인공호수인 진양호, 남가람 별빛 길, 진주 시민의 생활을 살짝 엿보려고 전통시장을 정했고 마지막으로 경남 수목원으로 잡았어요.
빠진 곳이 많지만 지금 적어놓은 곳 다 보려면 1박 2일이 모자랄 것 같아요.
저도 간단하면서도 내용이 있는 지역과 유적지 답사를 적어 나만의 북을 만들려고 준비한 작은 노트로 들고 본 느낌을 적을 보물을 들고서요.

간단하면서도 꼭 필요한 짐을 챙겨 고속도로 씽씽 진주에 도착했어요.
아빠의 말씀으론 진주는 오래전부터 교육과 전통문화의 도시로 서부 경남의 요충지라 했어요.
우리 가족은 제일 먼저 진주성(촉석루)에 갔어요.

"승현아 지금 네가 서 있는 이곳은 우리나라 3대 누각의 하나로 알려진 미국 CNN에서 선정한 한국방문 시 꼭 가봐야 할 곳 50번째 안에 넣은 영남 제일의 아름다운 촉석루이지만 임진왜란 때 3대첩 중 한 곳으로 당시 진주대첩의 최대 격전지였단다. 저기 아래 바위가 보이지?"

"예 성곽 아래 있고, 몇몇 사람이 내려가 있네요."

"그래 잘 보았어, 논개가 일본군 대장을 안고 촉석루 아래로 뛰어내려 순절했던 곳 논개의 순국 정신을 기리기 위해 의로운 바위라는 뜻으로 '의암'이라고 부른단다. 가슴 아픈 우리의 역사, 말없이 유유히 흐르는 남강은 당시를 알고 있을까?"

"아빠 말씀을 들으니 당시 상황에 가슴이 아파요."

"그렇지 나라가 강하고 힘이 있어야 해! 선조들은 나라를 빼앗겨 36년간 일본군 통치하에 갖은 수난과 압박과 설움을 당하면서 살았단다. 그래서 국가의 힘! 국력이 있어야 한다는 걸 알겠니?"

"예 3.1기념관에서 당시 전시물 똑똑히 보았고 오늘 우리의 아픈 기억 속 역사도 다시 한번 현장 답사로 알고 전망 좋은 곳에서 시원한 강바람에 머리를 식혀서 참 좋아요."

"엄마는 진주가 이렇게 좋은 곳인데 제대로 알고 계셨나요?"

"승현아 엄마가 태어난 곳인데 당연히 알고 있지. 여긴 지금도 아름답지만, 밤에 보는 남가람 별빛 길 야경이 더욱 아름답단다. 저녁 먹고 잠시 밤 야경 보고 오자꾸나."

"와~~ 지금 이렇게 아름다운데 밤에도 아름답다니 기대가 되네요. 엄마!"

 우리는 국립박물관으로 자리를 옮겨 바라본 아름다운 박물관 건축물이 눈을 사로잡지 뭐예요.
 건축가 김수근 선생님이 설계한 것으로 우리나라 목탑을 형상화한 근대 건축이라고요.
 박물관 안을 임진왜란을 중심 주제로 한 역사 문화 박물관이며 당시의 상황이 얼마나 치열하고 힘들었는지를 박물관이 있으므로 후세에 길이 남을 박물관의 필요성을 다시 한번 되새기는 시간입니다.
 청주서 내려와 피곤해 오늘은 많이 돌아보지 못하고 먹거리 장터로 갔어요.

 진주 시장을 찾아보니 큰 시장이 있지만, 우리 가족의 눈길엔 진주 논개 시장에 가보고 싶었어요.
 엄마는 일회용 비닐봉지 사용은 가능하게 줄인다며 장바구니를 꺼내 들고 나는 아빠, 손잡고 시장에 도착하니 주차장이 넓어 좋았고 걸어 다녀도 아케이드가 있어서 날씨에 신경 쓸 일 없이 비와 햇볕 차단을 막도록요.
 "승현아 엄마가 외할머니 손잡고 몇 번 왔던 아주 오래된 시장이란다."
 "그래요, 엄마! 오늘 전통시장 구경 제대로 하겠네요?"
 "하~ 하 그렇구나! 자세히 보렴."
 전통시장은 어디를 가나 비슷비슷했으나 면 특화 거리 '누들로드'가 자라 잡고 있는데 이곳에 들어오는 식당은 모두가 심사와 교육을 통해 들어올 수 있고 맛과 품격이 갖춰진 맛집들이라는 점이

다른 시장에 없는….

우리도 취향에 맞는 맛집으로 가서 먹었는데 정말 맛있었어요.

청과 시장에 과일 좀 사서 저녁 잠시 쉬었다가 불빛을 보며 하루를 보냈지요.

다음날 진양호에 갔는데 그곳에 온 분이

"진양호 겹벚꽃이 분홍빛으로 피어나면 호수의 아름다움과 함께 환상적입니다."

"알려줘서 고맙습니다. 다음엔 봄에 한 번 오지요. 벚꽃 필 때 전화 주실 거예요?"

"예. 꼭 오시면 좋겠어요."

아주머니와 엄마는 서로 전화번호를 적고는 헤어지며 진양호 호반 전망대 올라가는 길, 엄마는 예쁜 겹벚꽃 상상을 하며 소녀처럼 기분이 좋은지 콧노래를 부르며 전망대까지 갔지요.

점심은 진주비빔밥과 냉면이 유명한데 다수결로 정해서 여름엔 시원한 냉면으로 정했어요. 찾아간 유명 냉면집엔 사람이 많아서 바로 들어갈 수 없어 잠시 아래에 쉬면서 기다리자, 차례가 왔어요. 이름에 걸맞게 육수도 시원하고 맛있게 잘 먹었지요.

"엄마! 비빔밥 먹고 싶었지? 아빠와 나를 위해 양보해 줘서 고마워요."

"아니다. 비빔밥은 다음 기회에 먹지 뭐, 오늘은 나도 물냉면이 좋았어."

"자 이제는 경남 국립수목원으로 가야지."

아빠는 운전하며 냉면이 만족했는지 기분 좋은 음악을 틀어 주었죠.

녹음이 짙은 수목원은 야생화를 비롯한 많은 꽃과 식물들의 집합소, 식물 유전자 보존과 증식, 그리고 식물표본 야생동물관찰원 등과 어우러진 자연학습의 장소이며 휴식 장소로도 많이 이용되는 곳!
　푸른 나무와 식물을 보니 눈이 시원해짐을 느꼈습니다.
　진주에 여행 오길 참 잘했다고 다음 기회에 못 가본 곳을 다시 한 번 올 거예요.
　진주야 고마웠어! 안녕!

손영순

영덕 출생
2010년 《새시대문학》 동화 등단
저서 『달맞이 꽃의 행복』 『동화의 나라 해반천』 『청설모와 비밀의 정원』, 동심문학상 등

# 촉석루 그 아이

**임신행**

  촉석루 그 아이.
  진주 남강은 파초 잎이다.
  거대하고 긴 파초 잎이다.
  거대한 파초 잎을 길게 펼쳐 놓은 듯한 팔월의 진주 남강에 분홍 저녁놀이 설핏이 번지기 시작한다.
  남강 저녁놀에 피는 윤슬이 참으로 눈부시고 그윽하여 수채화처럼 아름답다.
  이때였다.
  야 야, 니 봉알 미태 베 아미다 베암!
  비명에 가까운 고함 소리와 함께 할아버지 한 분이 의암 위로 펄쩍 뛰었다.
  순간 할아버지는 만화의 한 장면으로 지팡이를 앞세우고는 파초 잎같이 진초록인 남강물에 풍덩 빠지고 말았다.
  우, 우짜면 존노 우짜면 존노? 사람 살려주이소
  촉석루를 등지고 초록 배낭에 기대어 의암에 앉아 남강 풍경을 바라보던 단발머리 정원이가 놀라 소리쳤다.
  남강물에 빠진 할아버지는 '푸 푸' 거렸다. 정원이는 할아버지를 구하겠다고 손을 내밀었다.
  할아버지 손을 잡은 찰라 냉큼 정원이도 남강물에 빠졌다.
  순식간이었다.
  논개 가락지의 날 기념행사 뒷마무리를 하던 거룻배가 다가와 정원이와 할아버지를 건져 주고 아무 일 아닌 듯이 가버렸다.

거짓말 같은 순간이었다.
 물에 빠진 새앙쥐 꼴인 할아버지와 정원이는 뜻하지 않게 실컷 먹은 남강물을 토악질 했다.
 죽는 일이 사는 일보다 더 어려븐데, 와 할배는 나를 타고 너머가 주글라던교?
 야아가 지금 뭬라 카노? 니 가랭이 사이로 배아미가 올라간다 아이가 니 물라꼬.
 베아미요?
 그래.
 아아, 그 뱀은 내가 키우는 뱀이라요. 내 반려 동물인기라요.
 뭬라꼬? 반려동물!
 야, 내가 키우는 기라요.
 키울끼 따로 있지 베아미를 키우노?
 뱀을 키우고 부터는 학교 친구도 동네 친구도 날 안 때리고, 잘 대해 줍니더.
 허 차암, 니 어데 사는데?
 산청 읍내요.
 그라마, 오늘이 8월 8일, 니 혼자 논개 가락지 날이라고 아침부터 왔드나?
 야.
 산청 사람 살긴 이거다 아이가?
 할아버지는 남강물이 뚝뚝 떨어지는 왼손 엄지를 척 들어 내밀었다.
 할부지.
 와?
 애나로 진주는 처니가 시집 가면 실랑한테 미리나지 말고 꼬옥 보듬고 자라고 요때기를 쪼메한 걸 해 줍니꺼?

 그건 옌날 말이고, 지금은 안 그렇다. 고참, 고 숨은 진주 아줌씨들 가담을 알라인 니가 우째 아노?

 울 옴마가요 쪼메한 그 요떼기 땜새 내가 세상에 나왔다고 한 분씩 쪼메한 진주 요떼기 이야기를 합니다.

 참 대단한 진주 외할메고, 진주 그 딸이다

 애나로 울 옴마 울 외할메 대단 합니꺼?

 그랴, 그 좋은 미풍양속인데 진즉 사라졌으니 지금이라도 되돌라 찾아야 하는데….

 내는 싫은데요.

 그건 니가 지금 알라라서 모린다. 이제 고마 집에 가자, 니 옴마, 아베 기다린다.

 쪼메만 더 있다 가입시다. 옷을 말라야….

 젖은 옷은 입고 있으만 저절로 마린다. 난, 시원코 조쿠마, 벌씨로 다 말라 간다. 니도 다 말라가네.

 얼굴이 까만 할아버지는 정원이 소매를 만졌다.

 산청 가는 뻐스는 쌔빗는데

 아이다. 어른이고 아고간에 해지면 집에 가야 한다. 가는 길에 내가 빤스는 태워 주고 갔구나. 빤스 표는 내가 사 줏꾸나. 쌔기 가자. 옷에 물은 입고 가몬 저질로 다아 모린다

 할아버지는 지팡이를 의지하고 먼저 일어섰다.

**임신행**

1966년 《국제신문》 중편동화 『성게와 가자미』 연재
1970년 《서울신문》 신춘문예 동화당선
동화집 『베트남 아이들』 『갈대숲속의 작은 집의 비밀』 전3권
시집 『버리기와 버림받기』 외 다수

동화_ 정현수

# 파 한 뿌리

정현수

　어느 마을에, 심보가 아주 고약한 노파가 살았어요. 자신이 행복해지는 것보다 남이 불행해지는 것을 더 좋아하는 얄궂은 사람이었지요. 말과 행동이 정말 그랬어요.
　정다워 보이는 사람을 만나면 눈에 쌍불을 쓰고 이간질에, 사이좋은 사람에겐 뭔 트집을 잡아서라도 삿대질하게 하고, 친한 친구끼리는 해찰을 부려서 원수 사이로 만들고 말았어요. 먹고 잠자는 거 빼고는 그런 일에 마음을 쓰는 노파였어요.
　이웃집에 사는 감실댁을 찾아갔어요. 감나무가 많은 저 건너 마을에서 시집온 새댁이었어요. 시집온 지 얼마 되지 않아 감실댁은 노파를 아직 잘 몰라 반갑게 맞았어요.
　햇살 따스한 날 빨랫줄에 홑청을 널고 있을 때 찾아온 이웃 아주머니를 선 자리에서 반갑게 인사했어요. 무슨 할 말이 있을까 사립문 앞에 선 아주머니를 쳐다봤어요.
　"감실댁은 아주 게으르다며?"
　종일 집안일이며 논밭 일에 매달려 쉴 틈 없이 부지런히 움직였는데 이웃 아주머니의 뜬금없는 게으르다는 소리에 마음이 상하였어요.
　"누가여?"
　감실댁의 샛노래진 화난 얼굴을 보며 헤헤거리며 뒤도 안 돌아보고 노파는 사립문을 나섰어요. 그러다 동네에서 얌전하기로 소문난 얌전이 처녀를 만났어요. 고개를 살짝 아래로 떨구고 지나가는 얌전이 가슴팍에 손가락을 갖다 대며 큰 소리로 말했어요.

"아이고, 이 처자는 이름이 얌전이구먼, 혼자 얌전한 척 다한다니까. 내가 모를 줄 알고, 내숭 떠는 속을 다 까발리고 말 테야."
 얌전이는 얼굴을 벌겋게 붉히면서 어쩔 줄 몰라 길에 멍하니 서 있었어요.
 이러면서 트집을 잡고 없는 흠을 만들어 냈어요. 없는 말 다 지어내고. 맘대로 안 되는 일엔 속을 부글부글 끓이며 화를 내고, 결혼 앞둔 처녀와 총각의 혼삿길을 망쳐버리기도 했어요. 또 갓 결혼한 신혼부부에게는 부부 싸움을 부추겨 결국엔 서로 온갖 헐뜯음을 삼아 함께 살 수 없이 결혼 생활을 파탄 내는 일이 다반사였죠. 노파의 이런 나쁜 마음을 알고 말려들지 않으려고 했지만, 막상 걸려들면 노파가 원하는 대로 되어 사람들은 불행했어요.
 그래서 노파를 만나지 않으려 뭐 피하듯 피하면서 겁을 내고 움츠리고. 우연이라도 그 노파를 만나면 어쩌나 미리 겁을 내며 사는 참으로 우스운 동네가 되었어요. 동네의 인심은 흉흉해졌지만 어쩌지 못해서 살고 있었어요.

"노파가 죽었어!"
 갑자기 노파가 죽었다는 소문이 온 동네에 퍼졌어요. 어째서 죽었는지 궁금했지만, 되레 대놓고 기뻐했어요. 평소엔 병치레한 적도 없고 갑자기 죽을 만큼 아픈 조짐이 있었던 것도 아니었어요.
"왜 갑자기 죽었단 말인가?"
"나쁜 일을 너무 많이 해서 벌 받은 건가?"

노파가 없어진 동네는 하루아침에 텅 빈 듯 조용했어요. 그러나 누구 하나 슬퍼하거나 아쉬워하긴커녕 모두 기뻐하였어요. 살아생전에 좋은 일 털끝 하나 한 것이 없고 누구를 위해 슬퍼하거나 울어본 적 없던 노파야말로 평생을 헛산 참으로 가련한 인생인 셈이지요.

죽은 노파는 염라대왕 앞에 서게 됐어요. 우리가 가 보지 못한 곳이에요, 그러나 누구든 한번은 거쳐야 하는 곳일 거예요.

"내가 왜 여기에 와 있어야 하오?"

노파는 살았을 때처럼 입술을 쑥 내밀고 불만 있는 얼굴로 용감하게 염라대왕에게 자기 죽음을 따졌어요.

"음, 이 일은 내가 아니고 신하가 맡은 일이라서 나는 그 이유를 잘 모르오."

염라대왕이 이유를 잘 모른다는데 노파는 더욱 기세등등하여 큰 소리로 따졌어요.

"남의 귀한 목숨을 거두어 왔으면 그 이유를 분명 밝혀야 하지 않소?"

염라대왕은 노파의 말에 고개를 끄덕이더니 신하를 불렀어요.

"이 노파를 데려온 이유가 무언가?"

신하는 우물쭈물하면서 분명한 말은 하지 않고 자꾸 고개를 돌려 외로 꼬기만 했어요.

"분명 바르게 말씀하소!"

노파는 염라대왕 따윈 무섭지 않다는 듯 눈알을 크게 부라리며 불호령으로 목소리를 높였어요, 마치 자신이 명령하는 사람인 줄 착각하였어요. 이때 신하의 화난 눈은 목과 함께 빼뚜름하게 돌아간 채 노파를 향해 소리쳤어요, 염라대왕도 놀랄 만큼 소리가 컸어요.

"당신은 말이야, 죽어도 싸!"

신하의 고함에 염라대왕이 더 놀라 잠시 멈칫했어요.
"자네, 그게 무슨 말인가?"
 염라대왕의 물음에 신하는 노파를 다시 흘겨보더니 짧고 간단한 말로 대답하였어요.
"대왕님, 저 노파는 죽어도 쌉니다!"
 염라대왕은 신하의 말이 도저히 이해되지 않는다는 뜻으로 기다란 팔을 내밀어 명부를 당겨 펼쳤어요. 거기에는 이곳으로 데려올 사람의 이름을 적어 놓는 죽음의 장부였어요.
 명부를 펼치니 이름이 칸마다 빼곡 기록되어 있어 염라대왕은 눈으로 죽 훑어내렸어요. 노파의 이름을 찾는 모양이지만, 거기에는 노파의 이름은 보이지 않았어요.
"없는데,"
 염라대왕은 고개를 흔들며 혼잣소리로 말하고 이상하다는 듯 신하의 얼굴과 노파의 얼굴을 번갈아 보면서 눈짓하였어요. 장부에 노파의 이름이 없는 이유와 왜 데려왔는지를 말해 주면 좋겠다는 의미가 담긴 눈빛이었죠. 그러나 신하는 여전히 아무 말을 보태지 않고 벌겋게 된 눈동자만 파르르 떨었어요.
"얼른 대답하지 않고 뭘 하시오?"
 노파는 염라대왕의 눈짓을 알아채고 세워두는 것이 짜증 난다고 투덜대며 명령했어요. 염라대왕도 신하도 노파의 짜증만 듣고 가만있을 뿐이었어요. 염라대왕은 신하를 나무랄 수도, 그렇다고 해서 명부에 없는 노파를 어쩌지도 못하고 진땀만 흘렸어요.
'저 노파를 어찌해야 하지?'
 죽음의 장부에 이름이 있다면 말할 것도 없이 그에 합당한 죗값으로 마땅한 곳으로 보내 벌을 받게 하면 되는데, 이름이 없는 사람을 어찌해야 할지, 낭패였어요.

'무슨 큰 의미가 있으리라, 이런 일은 처음이니까.'
  염라대왕은 뜸을 들여 신하의 말을 들을 준비가 됐어요. 염라대왕은 신하를 믿는 마음으로 마냥 기다렸어요.

'도대체, 얼른 자초지종 말해 주면 좋겠는데.'
"뭐 하는 짓이야?"
  시간이 꽤 지나자 노파는 투덜거리며 악을 썼지만, 염라대왕은 벌을 제대로 내리지 못하고 우두망찰했어요.
"잠시 옆방에서 기다려 주심이 좋을 듯하오."
  염라대왕은 노파에게 말하자 염라대왕 옆에서 수호하던 딴 신하가 노파를 데리고 옆방으로 사라지고 염라대왕은 신하에게 손짓하며 말했어요.
"가까이 오게!"
  신하는 염라대왕 앞으로 바싹 당겨 서더니 죽음의 장부에다 노파의 이름을 얼른 썼어요.
"아니, 자네, 거기에 노파 이름을?"
  염라대왕의 놀란 듯한 말에 신하는 고개를 푹 숙였어요. 이곳에 온 여태껏 한 번도 염라대왕의 명을 거역해 본 적이 없었는데, 이번만은 신하도 단단히 맘을 먹은 행동이었어요.
"대왕님, 제게 한 번만 자격을 주십시오. 저 노파를 벌줄 수 있는 자격 말입니다."
  신하는 거의 애원하는 말투로 말했을 때 염라대왕은 걱정스레 말했어요.
"그러기 전에 무슨 연유인지를 알고 나서야 할 일이 아닌가!"
"네, 제가 인간세계에서 일어났던 일에 개인 사정으로 곁들일 수는 없다는 건 잘 압니다. 하지만, 저 노파만은 그냥 넘어갈 수 없습니다."
 그 말을 한 신하는 그렁그렁 눈물이 맺히더니 뚝뚝 떨어졌어요. 깜짝 놀란 염라대왕은 신하의 눈물에 가슴이 덜컥하였어요. 왜냐하면, 염라대왕의 신하가 되면 기쁨과 슬픔 같은 인간의 감정은 전혀 필요 없어지며 특히 사사로운 개인감정은 사라져 버리기 때문이지요.
 더구나 이곳에서 눈물을 흘린다는 건 예사로운 일이 아니란 뜻이지요. 더 애틋하다고 할까요. 업무에 빈틈없는 성실한 신하가 노파를 데려다 놓고 눈물을 보인다는 건 마음에 쌓인 슬픔이 크다는 것을 말하는 것이라 염라대왕은 신하를 나무라지 못한 채 안쓰럽기만 했어요.
"말해보라!"
 신하는 몇 번이나 입술을 달싹이더니 손등으로 눈물을 쓱 닦고는 얘기했어요.
"대왕님, 저는 저 노파로 인해 결혼한 지 일 년도 안 돼 사랑하는 아내와 헤어졌고 저와 제 아내는 결국 죽음으로 끝을 맺었어요."
"그렇게 하도록 하라. 이번만은 자네에게 자격을 주겠노라!"
 신하의 눈빛에 형형한 기운이 보여 염라대왕은 고개를 끄덕이며 한 치의 망설임도 없이 그러라 허락하고 말았어요. 이번 일을 허락하지 않으면 후회할 것 같았어요. 허락받은 신하는 염라대왕이 관장하는 지옥의 한 곳인 '불바다'에다 그 노파를 던져 버렸어요.
"살려주시오, 살려주시오!"
 노파의 애절한 소리가 지옥 구석구석까지 울려 나갔고, 울음 섞인 큰 목소리로 있는 힘껏 애걸하고 빌었어요.
"나를 살려주시오, 나를!"
 평생 살아오면서 한 번도 눈물을 흘려본 적 없던 노파는 엉엉 소리 내 울기도 하고 애처롭게 울부짖었어요. 그러나 눈물은 한 방울도 흐르지 않는 노파의 쪼글쪼글한 주름진 얼굴이 일그러져 무섭기도 했어요. 노파의 울부짖는 그 소리가 얼마나 애절하고 구슬피 들리던지 지옥의 반대편에 있는 천당에까지 들리게 되었어요.
"오, 불쌍한 할머니!"
이때 한 천사가 노파를 불쌍히 여기는 마음이 생겨 가엾은 마음으로 노파를 도와주고 싶었어요. 곰곰 생각한 끝에 노파가 죽기 전에 했던 좋은 일 한 가지를 기억해 냈어요. 평생 딱 한 번의 좋은 일이었어요. 천사는 하느님 앞에 나아가 말했어요.
"하느님, 저 할머니는 밭에서 농사지은 파 한 뿌리를 뽑아 줄기째 배고파하는 거지에게 준 일이 있습니다."
물론 노파는 그 파 하나를 거지가 불쌍해서 준 게 아니었어요. 심통 사나운 노파는 파의 아린 맛으로 거지를 골탕 먹이려는 것이었어요.
'좋은 일을 하신 할머니를 살려 드려야지!'
천사는 자신이 찾아낸 좋은 일에 기뻐하며 두 손을 맞잡고 기도했어요, 마음이 한껏 부풀어 좋은 일을 할 수 있게 된 기쁜 마음을 감출 수가 없었어요. 그런 마음으로 천사는 찬찬히 용기 있게 하느님에게 말했어요.
"하느님, 저 불쌍한 노파에게 기회를 주실 거죠?"
하느님은 벙긋 웃었어요. 하느님은 노파가 한 짓을 알고 있었지만, 희망과 기쁨을 챙기는 천사가 기특했어요. 그래서 하느님은 천사의 소원을 들어주기로 했어요.
"그리하라. 자네가 그 파를 가져와 불바다 속에 있는 노파한테 내밀어 보라. 그것을 붙잡고 나오도록, 그걸 붙잡고 불바다 밖으로 나오는 데 성공하면 그 노파가 원하는 곳으로 보내도록 하겠지만, 그

파가 끊어지면 노파는 도로 그 자리에 남게 되느니라!"
 천사는 얼른 파 한 뿌리를 줄기째로 들고 노파에게로 달려갔어요. 천사는 상냥하게 말하면서 파 한 뿌리를 노파에게 내려보냈어요.
 "할머니, 이 파를 붙잡고 올라오세요!"
 노파는 울부짖던 소리를 금방 멈추고 그 파를 덥석 잡았어요. 천사는 파를 붙잡은 노파를 조심스럽게 끌어올리기 시작했지요. 도와줄 마음이 강한 '천사의 파'는 질기고 단단했어요.
 불바다 속에 있던 사람은 노파가 파를 잡는 것을 보자 우르르 노파에게로 달려들어 따라 올라가겠다고 매달렸어요. 다리를 잡고 팔을 잡고, 잡을 만한 곳은 모두 잡고 매달렸지요. 천사는 힘을 다해 파를 끌어 올렸어요.
 "할머니, 이젠 다 올라왔어요. 조금만 더 힘을 내십시오!"
 거의 다 올라왔을 무렵, 노파는 있는 힘을 다하여 온몸을 버둥질쳤어요. 자신을 잡은 사람을 떨쳐내려고요. 이리저리 확 확 밀었어요. 안 떨어지려고 악착스레 그러잡은 사람들을 발로 걷어차고 옆구리로 밀면서 있는 힘을 다해 모두 떨어뜨리려 했어요.
 원래 남이 행복하거나 좋은 일이 생기는 것을 싫어하는 고약한 노파였기에 다른 사람이 자기를 잡고 불바다에서 나오는 것이 어쭙잖게 불쾌했지요.
 "나를 끌어올려 주는 거지. 너희들은 아니야. 그리고 이 파는 내 파란 말이야!"
 간당간당했지만, 질기고 질긴 '천사의 파'는 노파의 파가 되는 순간 모든 상황이 나쁜 쪽으로 바뀌었어요.
 "뚝!"
 파의 중간 부분이 그만 끊어지고, 파가 끊어지는 순간 그 파를 잡고 있던 노파의 손은 끊어진 파와 함께 밑으로 떨어져 버렸어요. 노파는 그만 불바다에 도로 빠지고 말았어요.

"으악, 후드득후드득!"

노파와 노파를 잡았던 사람은 동시에 비명을 질렀어요. 천사의 희망은 절망이 되었어요.

"살려 줘, 살려달란 말이야!"

살려달라고 애원하는 노파의 울부짖는 그 울음소리도 이젠 어쩌지 못한 채 노파를 구해보겠다던 천사는 고개를 내저으면서 불바다의 뜨거움을 뒤로 하고 자리를 떠났어요.

"가련한 할머니여, 단 한 번이라도 남을 위하는 마음을 가졌더라면 좋았으련만!"

그 불바다는 계속 타오르고 있으며 지금까지도 노파의 살려달라는 비명과 울부짖음이 불바다 속에서 들리는 듯하네요.

정현수

1984년 《중앙일보》 신춘문예 동화 당선
작품집 창작동화 『순모의 짝사랑』 외 10여 권
편저(동화) 『비밀의 화원』 외 10여 권
예술인상, 동화장르상

동화_ 정현수

2024 찾아가는 경남문협 세미나
- 진주 편



경남의 소설


박주원

이　산

소설_ 박주원

# 이 사람 내가 아오

박주원

 전설의 유물인 노인 하나가 지팡이를 길가에 뉘여 놓고 쉬고 있었다. 진양호 순환도로, 마라톤 코스로 이름 난 길이지만 마을이 거의 없는 고로 인적이 드물다. 간간히 지나가는 차가 있을 뿐 대화를 나눌 상대가 없어 말이 고픈 노인은 우하게 자란 수풀을 바라보며 심심을 달래고 있다. 이때 다가오던 고급 승용차에서 청년신사가 내리더니 노인에게 무어라 말을 붙였다. 노인이 귀에다 손나팔을 대자 알아차린 신사는 명함 한 장을 꺼내 노인에게로 밀어보였다.
"이 분을 혹시 아는 이가 있을까 하여……."
 찡그린 눈길로 명함에 박힌 글자를 읽던 노인의 무릎이 마치 전극을 탄 인형처럼 벌떡 일어 선 것은 거의 찰나였다.
"아다마다요. 이 사람은 같이 자라던 우리 이웃집 동생이요."
 아아! 청년은 감탄사를 쏟아내며 두 손을 내밀어 노인의 두 손을 움켜잡았다.
"말만 듣고 길을 나섰으나 '진양호' 숭상공사로 대평면이 98프로나 사라졌다더군요. 진수대교를 건너 오른쪽으로 넉넉하게 푸른 수면을 조망하면서 왔는데 참 풍부한 수량이 마음까지 푸근하게 좋았습니다. 청정지역인 지리산과 덕유산 물이 함께 모였으니 이런 청정수를 마시고 사는 진주시민들은 참 복 받은 사람들이라 부럽기도 했습니다. 오는 길 내내 인가도 드물고 길에 나다니는 사람도 안보여서 '대평 이주단지'까지 갈 생각이었는데, 여기서 어르신을 만났군요. 더구나 제 아버지의 동네 형님이시라니 얼마나 다행인가 싶습니다."

"자네가 내 친구 자제라니 친구를 만난 듯이 나도 반갑네. 인연이 있으면 만날 사람은 꼭 만난다더니 꼭 그렇네 그려. 그런데 무신 일로 이리 한갓진 데를?"
"제 아버지 고향인 늘실에 한 번 가보고 싶었습니다."
"에이그, 그 친구네는 떠난 지 오래됐고, 수몰지역이 다 그렇듯이 한촌이 된지 오래지. 띠밭에 망초만 우거져 안 보느니만 못할 걸."
"그렇다면 여기 온 기념으로, 제 부친에 대한 기억 몇 조각이라도 생각나는 대로 좀 들려주시면 좋겠습니다."
"그럽시다. 사라진 구름처럼 그 친구 실물은 내 눈앞에서 아득히 멀어졌지만, 죽마고우에 대한 기억만은 어제처럼 생생하게 밝혀낼 게 있지."
"여기서 이렇게 아니라 바쁜 일 없으시면 제 차에 오르시지요."

 먹음직스러운 김이 오르는 쏘가리탕을 앞에 놓고 신사는 노인에게 잔을 올렸다. 그렇잖아도 꿀찐하던 노인은 술을 마시는 사이에도 계속 말을 이었다.
"靈영山산 지리산 봉우리의 지맥을 동남으로 백 여리 뻗어내려 '鞍안裝장山산'을 이루었고 주위의 지산들이 결집되어 명당을 형성하니 이곳이 '堂당村촌池지下하' 마을이요. 옛날 연산군의 스승이신 知지足족堂당 趙조之지瑞서 선생께서 움막을 치고 道도學학을 닦으셨다고 전해 온 이곳은 서 진양 삼명당인 元원堂당, 安안溪계와 더불어 馬마洞동이란 俗속 地지名명을 유명한 곳이라 듣고 자랐

소. 내가 와 굳이 이런 이야기를 하는고 하면….”
 불콰하게 화색이 오른 노인의 음성에는 윤기마저 감돌기 시작했다.
 "서리 찬 새벽바람에도 어김없이 그 친구를 볼 수 있었어. 아침밥이나 먹었는지, 밤새워 길쌈을 하는 그 친구 어머니의 형편을 알기에 그런 걱정도 했지. 친구는 매일 아침 30리 길 자갈투성이 신작로를 걸어 진주에 있는 학교에 다녔거든. 빠른 걸음을 내닫는 가운데도 언제나 책을 들고 읽으면서 다녔어. 책이 눈을 가리고 있으니 발이라도 삐끗해서 다치면 어쩌나 걱정도 했지. 가세에 비하면 그의 향학열이나 부모의 뒷바라지는 삼동네의 자자한 관심거리였고. 아마 어느 해 방학 때일 거라. 저기 보이는 안장거리, 질매장 높은 바위에 데뚝 앉아서 저 멀리 마동들과 남강에 합수 될 덕천강 줄기를 바라보면서 이렇게 중얼거리는 거라. '마음은 꿀떡 같지만 끌어줄 선배도 없고, 밀어 줄 경제력도 없는데, 헛꿈 꾸는 나로 인해 식구들만 괜히 욕보이는 게 아닌가 싶어.' 울먹거리던 친구의 음성이 지금도 생생하게 들리는 것 같네. 얼마 있지 않아서 그 친구는 고향을 떠났지. 불세출의 정기를 타고 났는지도 모를 내 친구의 낙망하는 보습이 차마 목메어서 바로 볼 수가 없었구먼. 그나마 선새경 한 가마니를 보태주었던걸 위안 삼아 지금은 어느 객지에서 어떻게 살고 있을까 궁금했더니……. 이런 기이한 인연이, 자네가 찾아주어서 참 고맙네. 내가 말한 선새경은 못들은 걸로 하게.”
 뜨거운 음식 때문인지 아쉬운 과거 때문인지, 노인은 훌쩍거리며 마른 화장지를 뽑아 들었다.
 "씰모없이 밥만 썩카내는 나는 오늘 내일 하지만 그래도 아즉 이리 살아있는데 자네 부친은 그럼? 같이 못 온 무슨 이유라도 있는가? 하긴 우리 나이가 벌서 얼만데. 그 친구 건강은?"

근심어린 노인의 질문을 받은 신사는 꽉 찬 자부심을 묘하게 누른 쑥스러운 표정이 되더니 목소리를 낮추었다.
"혹 신문을 보시거나 방송을 보시면 하마평이라는 말이 나오지요? 아버지께서 편찮으신 건 아니고……."
"잉?!"
뒤집힌 듯이 눈을 홉뜬 노인이 이내 알은 체를 했다.
"아이고, 그렇고나. 그라모 됐어!"
노인은 당사자라도 되는 양 앞에 앉은 친구 아들의 손을 덥석 잡고 흔들며 감격을 털어냈다.
"진양호 수몰로 사람들은 다 떠나고, 인제는 끝났는가 싶었더니, 저 안장산 질매장이 이름값 하네. 인물 하나 키워냈네."
친구 아들을 안내해서, 안장거리 질매장이 빤히 보이는 산자락으로 되돌아 온 노인은 어릴 때부터 들어온 전설을 친절하게 설명해 주었다. 그런 후 덧붙였다.
"이 길로 쭉 올라가모 청동기 박물관이 있는데, 이곳이 지금은 물에 잠겼지만 선사유적, 구석기 유적이 많이 발굴됐는데 여기 다 전시돼 있다네. 수몰로 인해서 형세는 쪼그라들었지만 아버지 고향 대평이 과연 어떤 곳인지 많은 도움이 될 게야. 내가 무식해서 설명은 다 못하지만 이곳 대평면은 대평무 때문에 진양군에서 가장 부유한 축에 들었고, 성수기 때는 동네 개들이 지전을 물고 다닐 정도로 인차가 번다했지."
노인은 자신이 다 못한 말은 여기서 찾아보라며 보관하고 있던 2006년 발간된 '大坪面誌' 한 권을 들려주었다.
대 평 면 지

소설_ 박주원

**박주원**

1993년 《자유문학》 등단
작품집 『마른대궁』『달세상으로 간 여자』『마고, 신으로 돌아오다』『갈밭을 헤멘 고양이들』
경남우수작품집상, 형평지역문학상

# 물의 영혼(중편소설 시놉시스)

이 산

　진주시청 공무원들의 승진발표와 함께 하반기 인사발령이 나고, 하경(河竝)은 7급에서 6급 주사로 승진한다. 새로 발령 난 부서와 직책은 관광진흥과 관광진흥팀장을 맡게 된다. 2년간 근무했던 스마트도시과 직원들의 축하를 받으며 환송연을 마치고 나올 때, 과장님이 "일만 열심히 하지 말고, 이제 결혼도 해야지. 국수 먹게 되면 꼭 연락해!"라고 하셨는데, 그 말에는 언중유골이 담겨 있었다.
　하경은 고등학교 때부터 절친이었던 무숙에게 문자로 승진사실을 알렸고, 둘은 저녁에 '살롱드인사'에서 만나 파스타와 와인으로 자축한다. 무숙이 불쑥 "경이 너, 저번에 옥봉 박보살 집에 갔을 때 말이야, '니 올해는 승진 할끼다.' 하더마 그 말이 딱 맞네! 그자?" 그 말을 듣고 보니 그랬다. 점 보는 것을 좋아하는 무숙이 신년운세를 보러 가자며, 자기가 아는 용한 보살이 있다고 하도 잡아끄는 바람에 못 이기는 척 따라갔던 그 박보살집에 들어서자마자 내 얼굴을 빤히 바라보던 아주머니가 느닷없이 "니는 다 계획이 있구나. 이상(理想)이 구만리나 높은데 어찌 시집 갈 생각을 하것노 쯔쯔쯧…" 속마음을 들킨 표정으로 책상 앞에 앉자 바로 생년월일을 묻더니 갑자기 미소를 띠며 말했다. "니, 올해 대운이 들어서 직장에서 진급도 하고, 니 펜굴리는 직업이제? (내가 고개를 끄떡이자) 글고 남자도 만난다. 하모, 기다려봐라!" 했던 기억이 새삼 떠올랐다.
　새로 받은 보직은 십여 년 전 공무원 새내기 티를 벗기도 전에 근무했던 과였지만, 승진을 해서 팀장이라는 직책 때문인지 업무에 대한 낯설음으로 막막했다. 소관업무가 진주시의 관광진흥 전반을 관할해야하는 광범위함 때문에 어디부터 손을 대야할지 엄두가 나지 않았다.

과에서 열어준 환영식이 끝난 뒤, 하경은 바로 윗분인 관광진흥과장님께 면담을 요청하여 애로사항을 이야기 했다. 다행히 과장님은 차분하고 이해심이 많은 분이라 하경의 이야기를 가만히 경청하고는, 하경이 앞으로 해야 할 업무의 범위와 팀 자체적으로 해결해야 할 과업을 찬찬히 말해 주었다. 그러나 진주의 관광은 역사에 기반을 두고 있는 곳이 많아서 진주역사에 문외한인 하경이 듣기에는 이해하지 못할 용어들과 계획의 진척사항이다. 게다가 전임자에 이어 무리 없이 사업을 추진해 나갈 일을 생각하니 눈앞이 깜깜했다. 그동안의 진행사항이야 전임자를 찾아가 물어보면 되지만, 시장님의 관심이 지대한 '진주대첩광장'조성사업을 유등축제와 연계한 역사현장 관광자원화하여 진주관광에 활력을 불어 넣고, 또 하나의 랜드마크가 되도록 하는 사업을 진행시키는 것이 관건이었다. 하경은 과장님께 자신의 부족함을 솔직하게 말씀드린다. 앞으로 국가유산청의 자문과 심의를 거쳐야 하고, 현상변경신청 등 많은 업무를 처리하려면, 우선 자신이 진주의 역사에 대해 알아야 업무를 처리하는데 무리가 없겠다고 보고하며, 임진왜란과 촉석루에 대한 부분은 당장 전문가로부터 과외라도 받아야 이 업무를 추진할 수 있겠다고 말씀드렸다. 과장은 잠시 생각하다가, "그런 도움을 줄 수 있는 사람이 있는지 알아보겠다."고 말했다.

며칠 후 과장으로부터 명함을 한 장 받게 되고, 국립진주박물관 학예연구사 강수석을 소개받게 된다. 그는 임진왜란, 특히 진주성 전투에 대한 논문으로 석사학위를 받았고, 가야사 연구로 박사학

위를 받은 전문가였다. 하경은 수시로 강수석에게 진주성과 진주의 역사, 임진, 계사대첩, 관련인물들에 대한 자문을 받을 수 있었고, 진주비빔밥의 유래와 비차에 이르기까지 간접적인 야설도 듣게 된다. 하경은 그제야 앞을 가로 막고 있던 진주역사에 눈을 뜨게 되고, 업무에도 흥미를 가지게 된다.

강수석은 시도 때도 없이 전화로 질문을 해대는 하경에게 "자신도 처리할 업무가 있으니 요일을 정해서 업무 후에 만나서 토론하는 게 좋지 않겠느냐"고 제의를 한다. 그렇잖아도 강수석에게 미안한 감정을 가지고 있던 하경은 그렇게 하자고 응한다. 알고 보니 하경과 강수석은 아직 미혼이었고, 휴일인 토요일 저녁에 만나기로 하는데, 업무의 연장이긴 하지만 처녀와 총각인 두 사람의 만남이 어색해서 친구인 정무숙을 수석에게 소개하고 함께 만나게 된다. 강수석은 조금은 느리고 말 수가 적지만, 한 가지 주제를 설명할 때면 논리정연하고 차분하게 자신의 생각을 전달하면서 때로는 자신의 주장을 관철시키려는 고집 같은 게 엿보였다. 하지만 대화가 딱딱하지 않고 유머러스하면서 천천히 상대방의 대답을 기다릴 줄 아는 배려가 있었다. 한번은 무숙이 불쑥 수석에게 "우리 셋 다 나이가 사십대 초반인데, 남자는 결혼하지 않고 혼자 살면 외로움을 느끼지 않나요?"하고 물었다. 수석은 얼굴에 미소를 띠면서 미적거리더니 느리게 대답했다.

"외로움은 매일 담배 열다섯 개비를 피는 것과 같다는 미 공중보건서비스단(PHSCC)의 보고서가 있어요. 중년 남성의 외로움이 암 발병을 10% 증가 시킨다는 2021년 핀란드에서 연구한 발표도 있지요. 그리고 4~50대 암 환자 중 외로움을 느끼는 경우 사망 위험이 67% 높아진다는 미국 암학회의 연구도 있습니다. 그러니까 현대인들, 특히 미혼으로 홀로 사는 젊은 세대들은 관광을 다니는 것으로 외로움을 잊고, 관광을 통해 외로움에서 벗어나려는 방편으로 삼는다고 생각합니다. 앞으로의 관광정책은 어떻게 하면 우리 진주를 찾아오는 관광객들에게 외로움을 느끼지 않게 할 수 있느냐에 성패가 좌우 됩니다. 내가 지난번에 만나서 이야기 한, 진주성곽과 촉석루의 야간조명 설치 의견도 같은 맥락의 제안입니다. 도시의 밤이 어두운 것 보다 밝은 것이 관광객들은 외로움을 덜 느껴요. 에펠탑이 파리의 랜드마크가 되었듯이 진주는 진주성과 촉석루를 랜드마크로 만들어야 하는데, 역사성과 명칭만 가지고는 인지력이 떨어집니다. 그래서 야간에도 이 역사유적을 시민들과 관광객들이 인지할 수 있도록 밝은 색의 조명으로 부각시켜야 한다는 겁니다. 관광객들이 외로울 틈을 주지 않아야 감동하게 되고, 엔도르핀을 분비시켜 행복하고 건강하게 살도록 하는 것이 입소문도 나고, 재방문도 가능하다는 겁니다."

강수석은 입이 마르는지 탁자 위의 컵을 들어 물을 들이켜고 말을 이었다.

"이런 시도가 시민들과 관광객들에게 어떤 긍정성과 이로움을 창출할 수 있는가? 지금 당장은 시민들의 이해가 부족할 수 있지만, 장기적으로 주민들과 지자체에 어떤 영향을 줄 수 있는가? 이런 결과들을 심도 있게 연구하고, 자문 받고, 주민들의 여론을 청취해서 70% 이상의 긍정성이 담보된다면 윗사람을 설득해서라도 추진해야 합니다. 대부분의 공무원들이 이러한 과정조차 귀찮게 생각한다면 그 지자체는 발전할 수 없습니다."

다른 의도로 '외로움'에 대한 질문을 했던 무숙은 머쓱해진다. 이렇게 강수석은 질문을 본질적인 위치로 가져가서 자신의 소신을 상대방에게 설득하는 능력이 탁월했다. 이런 대화방식과 새로운 지식에 대한 폭넓은 사고력이 합쳐져서 자신의 이미지를 발산하는 강수석에게 두 여자는 빠져들지 않을 수 없었다.

 시간이 흐르면서 무숙은 하경과 강수석의 깊어지는 사이를 눈치채게 되고, 자신은 두 사람과의 대화에서 소외감을 느끼기 시작한다. 무숙은 박보살을 찾아가 하경과 강수석의 사주궁합이 맞는지, 두 사람이 앞으로 어떤 방향으로 발전되겠는지를 물어본다. 박보살은 고개를 갸웃거리며 무숙의 표정을 살피면서 좀체 입을 열려고 하지 않는다. 그러다가 박보살은 두 사람 중 한 사람이 자신도 모르는 다른 인물의 영혼을 몸에 신접하고 있다고 말하며, 그 사람이 전생에 남강과 인연이 있었음을 느낄 수 있다면서 기회가 되면 두 사람을 한 번 데리고 오라고 말한다. 박보살은 돌아가는 무숙의 등 뒤에다가 지금은 절대 비밀로 해야 한다고 속삭인다.

 임진란의 진주성전투와 망진산 봉화대, 의병들과 민관군의 활약 등을 강수석 학예연구사로부터 배워오던 하경이 주제가 의기(義妓) 논개로 바뀌자 더욱 관심을 가진다. 스스로 논개에 대한 자료를 찾아보고, 도서관에 가서 책을 빌려서 읽어가며 강수석에게 많은 질문을 하는 등 아주 적극적인 열의를 보였다. 변화된 하경의 태도에 수석은 내심 놀라면서도 배우는 자세가 기특하다고 여긴다.

 하경은 여론이 분분한 논개의 신분문제, 의로운 사람임에도 「동국신속삼강행실도(東國新續三綱行實圖)」에서 논개의 순국내용이 누락된 점, 그리고 1970년대에 벌어진 우에쓰카 하쿠유에 의한 논개의 영정과 가묘가 일본의 게야무라 로쿠스케의 사당에 함께 모셔지게 된 것에 대하여 분노를 터뜨린다. 이런 모습을 지켜보는 친구 무숙도 예전에 보지 못했던 하경의 항의에 가까운 목소리와 눈에서 푸른 번갯불이 번쩍이는 모습에 놀란다.

 강수석이 이미 발표되어 자료에 있는 내용으로 설명을 하는 것을 참지 못하고 하경은 일본 후쿠오카 현장으로 답사를 가보자고 제안하면서, 상급자인 홍과장에게 출장을 허락해 달라고 출장계획서를 올리지만, 업무와의 연관성이 모호하고, 학예연구사 강수석과 동행하는 것은 박물관 측의 결정사항이기 때문에 결재할 수 없다는 답변을 듣게 된다. 하경은 강수석을 만나 비용은 자신이 부담할테니 연가(年暇)를 내어서라도 역사를 능멸한 당시의 진주유지들과 우에쓰카가 저질러 놓은 보수원(寶壽院)이라는 곳을 가 보아야한다고 설득했다. 돌변한 하경의 태도에 수석은 거절할 수 없는 압박을 느껴 동행을 승낙하고 둘은 그 현장들을 직접 목도하게 된다.

일본을 다녀온 하경은 다음해 5월에 열릴 예정인 '진주논개제' 행사에 논개부인이 왜장을 끌어안고 물속으로 뛰어드는 투신 퍼포먼스를 재현하는 내용을 추가한다. 그리고 토요일에 정무숙과 강수석을 천황식당에서 만나 비빔밥을 먹으면서 논개제에서 시행할 퍼포먼스에 대해 고민을 털어 놓는다. 남강의 차가운 물속으로 뛰어들 연기자 선정에 대한 어려움을 토로하자, 무숙이 눈을 반짝이며 "내가 하면 어때? 나 이래봬도 대학 때 연극 동아리에서 활동했어!" 급작스런 무숙의 말에 하경과 수석은 의아한 표정으로 눈을 마주본다. 무숙은 왜장역할은 강수석이 적격이라고 하면서, 생판 모르는 남자와 부둥켜안는 것은 억만금을 줘도 못한다면서 미리 선을 그었다. 하경은 자신이 제안한 첫 퍼포먼스를 성사시켜야 된다는 책임감에 사로잡혀 무숙의 의견대로 강수석에게 왜장 역을 맡아달라고 밀어붙인다. 수석은 요즘 들어서 왠지 하경의 말에 거절할 수 없는 자신을 이상하게 생각하면서도 떠밀리듯 무숙의 상대역을 하기로 한다.

신록이 화창한 봄이 오고 '진주논개제' 준비에 분주한 하경은 공보

실로부터 연락을 받는다. '진주와 자매도시인 일본 오이타 현 나카츠 시에서 교환 방문차 가토 다카요시 시장을 비롯한 공무원 12명이 5월 3일부터 2박 3일간 우리 진주시를 방문한다.'는 것이었다.

이에 대한 우리 시에서의 스케줄과 방문장소, 안내요원 등을 계획하여 4월 10일까지 공보실로 보내달라는 내용이었다. 하경은 마침 '진주논개제' 행사와 나카츠 자매시의 방문 일정이 겹치게 되어 일본 공무원들에게 의암별제의 프로그램인 진주교방문화와 의암 위에서 처음 공개되는 논개의 의로운 투신 모습을 직접 보여줄 수 있다는 점에 몹시 고무된다.

마침내 자매도시인 나카츠 시 시장 일행이 도착하고 일정에 따라 진주시의 주요장소를 둘러보게 된다. 이튿날 하경은 팀원들과 진주촉석루와 진주논개제 행사에 이들을 안내하게 되고 유정장어식당에서 점심을 마친 후 촉석루에서 펼쳐지는 진주검무 등 진주교방문화를 관람하고 나서, 진주박물관과 임진대첩 계사순의단을 거쳐 의기사(義妓祠)에 참배하고, 해질녘에 퍼포먼스를 보기 위해 의암으로 내려갔다. 이명석 해설사가 의암의 역사와 내력을 설명하고 있을 때, 하경은 등줄기를 스치는 서늘한 기운을 느끼게 되고 문득 바라 본 진양호 위의 저녁노을이 붉은 연꽃이 핀듯하여 홀연히 그곳을 바라보다가 옆에 서 있던 김주무관이 툭 치는 바람에 정신을 차린다. 마침 해설사가 "논개 부인이 가락지를 낀 손으로 몹시 취한 왜장을 춤추는 듯 의암으로 유인하여 품을 내어주는 척 껴안고 열손가락에 낀 가락지가 서로 엇물리도록 깍지를 꽉 끼고 휘익 저 푸른 강물 속으로 밀어 넣어 함께 빠졌는데, 지금까지 두 사람이 올라오지 않고 있다."며 유머러스하게 해설을 하고나서, 통역이 그 대목을 가토 다카요시 시장과 그 일행에게 일본어로 말해주자 일행들이 웃음을 터뜨렸다. 그러나 가토 시장의 얼굴에서는 설핏 웃음

기가 지워지며 미간을 찌푸리면서 일본어로 단호하게 말했다. "앞으로 일본군 장교들은 생존 수영을 필수적으로 배워야겠군!" 일행들의 시선이 가토시장에게로 쏠리고, 통역이 난처한 표정을 지었다. 그때 하경이 얼른 통역을 바라보며, "때에 따라서 우리가 서 있는 이 바위와 의암과의 틈이 좁혀지기도 하고 넓혀지기도 하는 이상한 현상이 가끔 일어난다."고 말하며 통역에게 눈짓을 했다. 통역이 일본어로 말하자 일행들이 놀랍다는 듯 탄성을 질렀다.

이렇게 해서 어색한 분위기가 해소되고 어둠이 내리는 가운데 논개가 왜장을 안고 투신하는 퍼포먼스를 보기 위해 편편한 바위 쪽에 마련된 자리로 이동할 때, 하경이 김주무관에게 귓속말을 하고는 급히 출연자들이 대기하고 있는 천막으로 가서 마침 의상을 매만지고 있던 정무숙에게 빨리 옷을 벗어주라고, 내가 논개 역을 하겠다고 소리친다. 왜장으로 분장한 강수석이 놀란 눈으로 바라보고 있는 사이 하경은 무숙의 옷을 벗겨 자신이 갈아입고, 가채도 쓰고 비녀도 다시 꽂았다. 그리고는 얼른 분장사에게 분칠을 해 달라고 하면서 무숙에게는 행사를 마치고 이야기해 주겠다고 한다.

이윽고 분위기를 고조시키는 북소리와 아쟁소리가 울려 퍼지고 하경이 단아하면서도 요염한 자태로 나가며 춤을 추었다. 왜장으로 분장하여 술잔을 들고 있는 강수석에게 다가가서 미소를 지으며 춤으로 한 바퀴 돌아서 술을 권하면서 왜장의 손을 가볍게 잡아 이끌어 천천히 의암바위로 유인했다. 갑자기 음악이 빨라지면서 조명이 강물을 비추고, 왜장의 품에 안겼다 풀려나기를 두어 번 반복하더니 논개 부인은 살포시 왜장을 당겨 안고 가락지 낀 손가락으로 단단히 깍지를 끼어 흐느적거리는 왜장을 바위 끝으로 밀고나가기 시작했다. 모든 관람객들이 숨이 멎은 듯 의암 위의 두 사람을 바라보고 있을 찰나! 하경은 강수석의 허리를 툭 치며 신호를 보내자 수석이 하경을 꼭 끌어안으며 강물로 풍덩! 뛰어 들었고, 오월 초순의 차가운 남강물이 옷 속으로 스며들었다.

　물속에서 하경은 재빨리 손을 풀어 수석의 몸이 자유로워지게 했다. 하경은 마치 경험해 본 사람처럼 눈을 뜨고 수석의 손을 이끌어 바위 아래 움푹 파인 안쪽으로 들어갔다. 바위 아래는 고요했다. 하경이 앞서 헤엄쳐 가다가 동굴처럼 둥근 곳으로 가서 앉았다. 그리고는 수석에게 어서 오라고 손짓을 했다. 하경의 손이 물풀처럼 느리게 펄럭이고, 수석이 하경의 얼굴을 바라보았을 때, 아리따운 조선의 한 여인이 거기 있었다. 어디선가 보았던 얼굴, 낯익은 모습이 영정처럼 물결에 흔들리고 있었다.

이 산

2005년 계간《문예운동》시 부문 신인상
시집『물방울觀音』『괴좆나무 여름』
2021년 김해일보 제2회 남명문학상 소설 우수상

찾아가는 경남문학 세미나 -진주 편
# 남강에 어린 논개의 혼을 담다

발　　　행 | 2024년 7월 27일
발 행 인 | 민창홍
편 집 인 | 민창홍
발 행 처 | 경상남도문인협회
　　　　　창원시 진해구 진해대로 311 경남문학관 내

편집주간 | 배한봉 010-6570-0955
편 집 장 | 이서린 010-5548-0126
편집위원 | 강　천, 남상진, 문희숙, 백혜숙, 서연우, 유행두
　　　　　윤미향, 윤은주, 이은정, 조　민, 최미래, 허숙영
사무처장 | 정진석 010-4445-0335
사무국장 | 이미화 010-8249-0096
사무차장 | 김새하, 민영목, 노승문, 오영민, 신애리, 서정욱

펴 낸 곳 | 도서출판 실천
· 인　쇄　경남 진주시 동부로 19번길 12 윙스타워 A동 705호
　　　　　전화 : 055-763-2245　팩스 : 055-762-0124
　　　　　등록 : 진주 제2021-00009호

ISBN 979-11-92374-53-6

가격 15,000원